乡村振兴战略下渝东南民族地区义务教育资源配置策略研究

李艺　陆博◎著

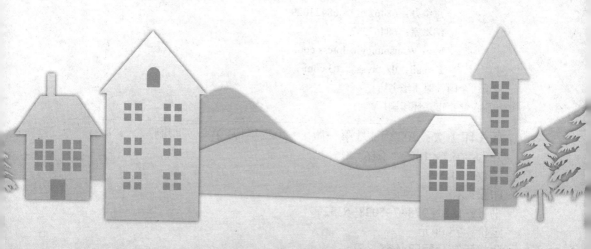

地震出版社

图书在版编目（CIP）数据

乡村振兴战略下渝东南民族地区义务教育资源配置策略研究 / 李艺，陆博著.—北京：地震出版社，2021.8

ISBN 978-7-5028-5332-7

Ⅰ.①乡… Ⅱ.①李… ②陆… Ⅲ.①民族地区－义务教育－教育资源－资源配置－研究－重庆 Ⅳ.①G522.3

中国版本图书馆CIP数据核字（2021）第126098号

地震版 XM4971/G（6128）

乡村振兴战略下渝东南民族地区义务教育资源配置策略研究
李艺 陆博◎著

责任编辑：刘素剑
责任校对：凌 樱 郭贵娟

出版发行：地震出版社

北京市海淀区民族大学南路9号　　　　　　邮编：100081

发行部：68423031　　　　　　　　　　　　传真：68467991

总编办：68462709 68423029

编辑室：68467982

http: //seismologicalpress.com

E-mail: dz_press@163.com

经销：全国各地新华书店
印刷：北京市兴怀印刷厂

版（印）次：2022年1月第一版 2022年1月第一次印刷
开本：787×1092 1/16
字数：11千字
印张：10
书号：ISBN 978-7-5028-5332-7
定价：75.00元

序　言

　　国外发达国家和地区的实践证明，教育与经济社会的互动协调是实现两者共同发展的必由之路。在我国乡村振兴战略背景下，义务教育与城乡融合的互动协调发展已经开始起步，并且出现了一些具有探索性、指导性的理论和实践成果，但大多数是基于国家层面的宏观研究，忽视了不同地区的差异性和适应性，且缺乏对民族地区的研究。因此，对乡村振兴战略下渝东南民族地区义务教育资源配置策略进行研究具有十分重要的意义和价值。在理论层面，本书丰富和发展了马克思主义教育理论且以新意的视角对教育的均衡发展做进一步的研究。在实践层面，本书有助于提高该地区广大劳动者的素质，为该地区产业结构调整升级输送更多高素质人才，同时为民族地区探索出一条科学的城乡融合发展道路。

　　本书选取渝东南民族地区的教学点作为样本，以渝东南民族地区（包括黔江区、秀山土家族苗族自治县、酉阳土家族自治县、彭水土家族自治县和石柱土家族自治县）和重庆市其他区域近年来有关数据进行比较，分析渝东南民族地区在实施乡村振兴战略前后教育资源配置（人力资源、财力资源、物力资源配置）的差距，厘清城乡教育资源配置的存在问题，并对合理配置教育资源提出具有针对性的建议。

本书主要围绕以下几个内容展开论述：

（1）教育资源配置相关理论。主要对教育资源配置的含义、相关理论基础进行分析，同时清晰地界定研究的对象、范围和理论依据，进而为解决教育资源配置过程中存在的突出问题提供理论依据。

（2）渝东南民族地区义务教育资源配置现状分析。从渝东南民族地区教育资源配置的现状入手，选取实施乡村振兴战略前后的财力、物力、人力数据，包括近三年教育资金投入情况、生均预算内教育事业费和公用经费等指标，对渝东南民族地区及重庆其他地区的数据进行比较分析，从而得到渝东南民族地区教育资源配置实证分析结果。

（3）渝东南民族地区义务教育资源配置中存在的问题及成因分析。在对渝东南民族地区教育资源配置情况进行分析的基础上，实地调研黔江区、秀山土家族苗族自治县、酉阳土家族自治县、彭水土家族自治县和石柱土家族自治县，以渝东南民族地区义务教育资源配置存在的问题和影响因子作为问卷选项进行问卷设计，再以该数据进行数理统计与分析，并辅之以大量访谈记录，明确该问题产生的原因以及什么因素阻碍了民族地区的教育均衡发展。

（4）渝东南民族地区义务教育资源优化配置的对策建议。针对渝东南民族地区教育资源配置存在的问题，参照国内外关于教育资源均衡配置的先进经验，分别从财力、物力、人力方面一一对应，进而提出促进渝东南民族地区教育资源配置的建议。

李 艺

2020 年 3 月 2 日

目 录

第1章 引 言

1.1 研究的理论意义和现实意义

　　乡村振兴战略背景下，义务教育与城乡融合的互动协调发展刚刚开始，使得一系列指导性成果得以形成，然而很多成果是从国家角度出发的宏观分析，对不同地区的差异性重视得不够，同时民族地区的分析缺失。所以，本书选取渝东南民族地区（包括黔江区、秀山土家族苗族自治县、酉阳土家族自治县、彭水土家族自治县和石柱土家族自治县）的数据，将其与和重庆市其他区域近年来相关数据进行对比，对其在乡村振兴过程中教育资源配置方面存在的问题进行分析，如人力、物力等资源，将城乡教育资源配置中出现的不足进行梳理，同时制定可行的措施。

1.1.1 理论意义

首先，对国内现有研究基础形成有益补充。对民族地区配置教育资源方面存在的不足进行探究，这与教育管理机制完善以及配置教育资源等是密切相关的，从而使得与之相关理论的发展空间得以有效拓展。本书在探索和总结教育方面的规律过程中，首先丰富和发展了马克思主义教育理论。其次，用新的视角分析问题。把相对宽松的教育资源配置研究引向一个更为具体的问题，即区域性的教育资源配置研究。这有助于我们从一个较有新意的视角出发，对教育的均衡发展做进一步的研究。

1.1.2 现实意义

首先，这本书对于乡村振兴战略的实施具有积极作用，从民族特点的教育发展措施进行分析，对于渝东南地区教育发展是有积极影响的，能够使这一地区劳动者的能力提升，为这一地区的产业发展提供高质量人才，这也与该地区的人才发展以及城乡发展需求是相符合的。其次，教育和经济社会的协调发展，是两者共同发展得以实现的必由之路。以渝东南民族地区为研究对象，探究义务教育城乡融合发展中资源配置的问题，不仅有助于从根源上缩小这一地区的差距，能够使经济发展模式有效转变，同时对于国内其他民族地区城乡发展有着积极的借鉴和参考作用。

1.2 国内外、市内外同类课题的研究现状

1.2.1 国内研究现状

现阶段，我国与教育资源配置相关的分析大多以配置教育资源的体系分析、效率研究、不均衡和均衡策略研究为主。

1. 关于教育资源配置的标准体系方面的分析

现阶段，国内对教育发展评价维度的研究较为一致，具体来说，有四个方面：一是发展规模；二是投入经费；三是投资资源；四是学业成就。国内学者杨东平（2003）认为，公平教育指标体系建立的一级指标有四个：一是义务教育均衡指数，用 A 来表示；二是高中公平指数，用 B 来表示；三是高等教育公平指数，用 C 来表示；四是教育存量公平指数，用 D 来表示。前三个指标还有二级指标：一是入学机会；二是教育过程；三是学业成就。对一级指标 D 进行衡量时，使用人均教育年限差异的相关数据。国内学者潘玉君等人（2007）结合云南义务教育具体情况，将 24 个指标纳入义务教育指标体系构建内，如入学率、图书数量、学校面积以及升学率等，同时应用因子分析法，将相应的权重分别赋予不同指标。国内学者张传萍（2012）从教育资源配置标准层面入手，对其进行对比分析，把罗尔斯的公平理论当作义务教育资源标准的前提，深入分析当前教育资源配置的具体情况，同时进行再建立。

2．关于资源配置效率方面的分析

在理论界，针对教育资源配置效率的分析主要有两个方面：一是只对教育资源配置的效率和效益进行分析；二是把教育资源配置效率和公平有机联系起来。国内学者张庆祥（2012）在研究资源配置效率方面，提出将竞争机制等加入进来，使投资主体多元化得以实现，使资源浪费得以降低。国内学者向志强（2008）把教育资源配置分成两种：一是外部配置；二是内部配置。对外部配置来说，就是从教育经费投入方面入手对其实证分析；对内部配置来说，就是应用间接测量法，利用效率指标实施实证分析，如人力、财力等指标。国内学者张雅娴（2012）对教育资源配置效率予以细化，划分成次级、区域以及类别配置等，同时应用理论模型来评价效率。

3．关于教育资源配置不均衡的分析

理论界在研究教育资源配置不均衡的过程中，以教育公平思想为依托，从财政投入以及教育制度供给等层面出发，对其实施实证分析。国内学者杜育红（2012）从理论、实证等层面入手，对国内初等、中等、高等教育发展的不同之处进行深入分析。国内学者田芬（2004）从基础教育差距的四个维度进行实证研究，分别是地区、城乡、学校和群体，进行实证研究，对由于教育资源配置不一致产生的不良影响进行论述。国内学者吴玲等人（2012）提出，当前国内基础教育资源配置想要使科学的资源配置得以确保是很难的，所以，他们结合这一内容实施实证研究，同时将制定具体的解决措施。

4．关于教育资源配置均衡方面的分析

理论界提出，资源共享就是将教育资源科学分配，这是使教育发展得以实现的关键渠道。较为经典的就是学者岳建军（2012），他从高等教育资源共享入手，对其进行深入分析发现，共享人力、物力以及信息等资源，使区域教育统一规划得以实现。国内学者李宜江（2013）结合国内义务教育均衡发展方面的法律保护问题等，制定均衡发展的法律措施。国内学者王善迈（2014）以教育经济理论为依托，对国内教育资源在经费上存在的不足之处进行分析，在公共财政体制背景下，对义务教育财政体制进行再次构建。

1.2.2 国外研究现状

1．关于教育公平方面的分析

国外在教育公平方面的研究最早纳入政治、社会学范畴，国外教育公平经典的研究人员很多，如科尔曼等。国外对教育公平方面的研究，大多以教育机会公平研究为主，如科尔曼（1966）深入分析了教育机会均等，并将其分为四个方面：一是入学机会均等；二是教育过程均等；三是教育结果均等；四是教育对今后的影响均等。国外学者TorstenHusen（2000）详细分析了教育机会均等，提出教育机会必须在起点上均等，在中间过程以及最后学业方面的均等，把单一的接受教育均等向结果的均等进行转变。

2．关于共享教育资源方面的分析

在 20 世纪后期，国外教育资源共享开始出现。共享教育资源是由共享信息资源来完成的。学校布局可以帮助形成区域教育，如建立大学城等。国外学者 BlakeGumprecht（2003）深入分析了大学城的内涵，他提出从空间来看，大学城是开放的空间，来自不同国家的学生在这里将资源进行分享，从而影响当地文化。信息资源可以分为两个方面：一是图书资源；二是远程教育。国外学者克劳娅自不同高校图书馆入手，深入分析信息资源库，使资源在线共享得以实现。国外学者 JaneCho（2007）深入研究韩国大学图书馆计划，提出不同大学能够在图书馆共享学术资源，同时将图书馆资源共享过程中遵守的原则予以明确。

3．关于教育资源配置市场化方面的分析

国外大多数经济学者对教育市场化是赞同的，主要对高等教育市场化深入分析，最典型的研究者有科尔斯等。国外学者亚当·斯密（1996）提出，政府要对人民的基础教育给予重视，提供相应的财政支出，使人们对礼节更加了解。从公平视角出发，政府要进行基础教育补贴发放。国外学者费里德曼（1999）对美国高等教育情况进行考察，提出私立学校的效率与公立学校相比要好一些，政府要给高等教育补贴资金，这对于教育机会均衡发展是有影响的，并指出政府的补贴会导致公立学校的不平等更加严重。

1.2.3　国内外研究现状评述

通过对国内外与之相关的研究文献进行全面梳理，能够得出国内研究人员主要对教育资源配置的相关研究目前仍以理论研究为重点，对于实践研究分析不多，缺乏实质性建议。同时，实践经验研究是以区域性研究为主，未从总体进行深入分析。国内对教育资源配置的研究角度从教育公平化出发，以渝东南地区为例，目前针对渝东南民族地区的教育资源配置的研究分析很少，特别是从实际出发，对本质分析基本空白。从这些问题可以看出，关于渝东南民族地区的教育资源配置的研究空间十分广阔，这是本书的研究前提。

1.3　研究目标、主要研究内容

1.3.1　研究目标

本书以问题比较突出的渝东南民族地区的农村教学点为研究样本，了解实施乡村振兴战略以来，当前民族地区农村教学点的现实生存状态和存在问题，并对问题的主要原因进行分析，同时找出民族地区教学发展独特点，制定问题解决办法，明确今后民族地区农村教学点的发展方向。

1.3.2　主要研究内容

1. 教育资源配置相关理论

主要对教育资源配置的内涵、具体理论等进行深入研究，从而为解决教育资源配置过程中存在的突出问题提供理论依据。

2. 渝东南民族地区义务教育资源配置现状分析

从渝东南民族地区教育资源配置的现状入手，选取实施乡村振兴战略前后的财力、物力、人力数据，包括近三年教育资金投入情况、生均预算内教育事业费和公用经费等指标，将渝东南民族地区与重庆其他地区的数据进行比较分析，从而得到渝东南民族地区教育资源配置实证分析。

3. 渝东南民族地区义务教育资源配置方面的不足以及主要原因

深入分析这一地区的教育资源配置实际，实地调研黔江区、秀山土家族苗族自治县、酉阳土家族自治县、彭水土家族自治县和石柱土家族自治县，以渝东南民族地区义务教育资源配置存在的问题和影响因子作为问卷选项来实施问卷设计，对这些数据进行统计分析，同时结合访谈记录，对问题出现的原因进行明确，对影响民族地区教育均衡发展的因素进行论述。

4．渝东南民族地区义务教育资源优化配置的对策建议

针对渝东南民族地区教育资源配置存在的问题，参照国内外关于教育资源均衡配置的先进经验，分别从财力、物力、人力方面一一对应，进而提出促进渝东南民族地区教育资源配置的建议。

1.4 主要创新点

1.4.1 研究主题有一定的发展性

关于教育资源均衡配置等内容，是当前人们最为重视的问题之一。本书将提出资源均衡配置策略，对于今后国内教育均衡发展是有积极作用的，同时，重点分析教育均衡配置发展过程中的内容，其是有发展性的。

1.4.2 科学的研究方法

在问题分析的过程中，有很多典型的数据应用，对其进行横向、纵向对比，使论证分析的真实性得到保证。在提出策略的过程中，通过查找国内外资料，对国内外经验进行梳理，结合人力资源分布提出促进渝东南民族地区教育资源配置的建议。

1.4.3 研究范围创新

近年来，对民族地区教育资源的理论研究比较匮乏，研究范围往往以点带面。本书研究渝东南民族地区，包括黔江区、秀山土家族苗族自治县、酉阳土家族自治县、彭水土家族自治县和石柱土家族自治县，研究范围覆盖较广，且具体到资源配置的财力、物力、人力三个方面，研究范围有所创新。

1.5　拟采取的研究方法及可行性分析

1.5.1　主要的研究方法

1. 文献查阅和实践调研有机联系在一起

从理论来看，以文献查询以及思维推理为基础，对义务教育城乡结合发展密切相连的内容进行总结，使文章的理论体系得以建立；从实践分析来看，以渝东南民族地区为例，将与之相关的文献进行查找，如重庆市的文化文献等，以梳理出宏观的背景。

2. 纵向比较和横向比较相结合的方法

在分析乡村振兴战略背景下渝东南民族地区义务教育资源的现状

时，注重运用近三年的数据说明问题；在对策建议部分，注重参照国内外先进经验，从而分析出教育资源均衡发展方向和发展趋势。

3. 定量分析方法与定性分析方法

以统计分析软件对研究实地调研的数据进行处理，以分析渝东南民族地区教育资源配置与其他区域的差距性。以定性分析方法提出渝东南民族地区教育资源配置优化对策。理论结合实际，注重定性分析与定量分析相结合。

4. 调查法与个案分析法有机联系在一起

调查法主要有两种：一是问卷法；二是访谈法。它是以黔江区、秀山土家族苗族自治县、酉阳土家族自治县、彭水土家族自治县和石柱土家族自治县的教师、学生和相关管理人员为调查对象，从地域分析等方面实施分层取样，以问卷调查为依托，对师生与管理者进行选择，对其进行全面访谈。

第2章　义务教育资源配置相关理论

　　义务教育属于基础性国民教育的范畴，与国家的发展密切相关。1619 年，德国出台义务教育法规，提出父母要将 6 ～ 12 岁的子女送进学校，倘若没有有效履行这一义务，政府就要以强迫方式推行。在 19 世纪，英美等国家发布义务教育法令，一直到 1920 年，将小学义务教育全面普及。根据联合国相关数据，在 20 世纪 70 ～ 80 年代，义务教育法出台的国家有 60 个，不同国家结合自身发展以及文化水平，对义务教育年限进行设定。1954 年，我国首届全国人民代表大会提出，公民有接受教育的权利，义务教育受法律保护。

　　义务教育是国民教育的前提，它与人民的自身素质密切相关，能够将国家的文明程度体现出来。1954 年，美国学者萨缪尔森提出公共产品理论，对其在社会区域中的共享进行明确，其特点有三个方面：一是公共物品效用不可分性，从效益来说，它是社会所共同拥有的；二是福利非排他性，所有公共物品消费者是不可以将他人公共物品消费进行排挤的；三是消费不竞争性，所有人消费公共产品时相互不发生关系的。根据公共产品特点能够得出，公共产品在消费机会等方面并不是不平等的。对义务教育来说，要求适龄儿童进行教育，同

时从其中获利，具有一定的排他性。所以，义务教育属于公共服务的
范畴。

2.1　教育资源

广义来看，教育资源就是教育主体在教育过程中所占用、使用和消
耗的人力、物力和财力资源。伴随教育研究的不断深入，人们对教育
资源的应用越来越广泛，导致教育资源的理念越来越复杂，内涵也越
来越丰富。古语常说的"有教无类"就是说教育资源自身没有高低之
分，教育资源既有一定的公共性，也有一定的独特性，在教育期间，
教育资源会将不同特性体现出来。

2.1.1　教育资源的特点

1．人力的能动性

人是有一定主观能动性的。在教育资源中，最关键的资源就是人
力，所以教育资源有主观能动性的特点。施教群体利用教育资源来教
育学生，其教育成效与施教群体的主观能动性是密切相关的，同时，
施教群体的教育成效与受教学生的学习积极性也是密切相关的。

此外，对受教育良好的个体来说，教育资源的能动性也能通过个体
的发展体现出来。对教育对象来说，科学、合理地应用教育资源，能

够有效提高教育个体知识能力，这对促进社会经济的快速发展有积极影响。

2．物力的有形与无形性

对教育资源来说，物力有两个方面的特性：一是有形性；二是无形性。前者是通过教育基础设施以及图书资料等体现出来的，后者是通过校园文化以及品牌资源等体现出来的。对有形物力资源来说，它和无形物力资源是相互作用的，不可或缺，有形物力资源的多样化，能够将无形资源吸引过来；同时，无形资源的多样化，能够使有形资源更加多样化。

3．财力的经济性

从社会分工本质来看，教育也是经济活动的一种，它体现在教育过程中对人财物资源的应用中。在实际的教育过程中，人力、物力是可以直接应用的资源，可对教育对象直接应用，而财力无法直接对教育对象进行应用，只能通过购买人力、物力，使教育资源特性体现出来。对教育经济学来说，想要使统计更加便利，人力、物力大多可以向财力进行转变，并通过数据将其体现出来，故而，财力作为重要的教育资源是教育发展的经济基础，具有一定经济性。

2.1.2 教育资源配置

教育资源配置的内涵就是对教育资源中人力、财力、物力在不同地区、学校间进行配置。教育资源配置过程中，人们最重视的有两点：
一是公平；二是效率。从经济学视角出发，科学配置资源就是怎样科
学合理地将资源分配给生产单位，使其成效有效发挥。从现实视角出
发，教育资源的科学配置，就是以教育资源为依托，利用相应的教育
体制，科学合理地将教育资源分配给不同的地区和学校，将人力、财
力、物力、保障提供给不同类型的学校供其教育活动使用。

总体来看，教育资源分配不合理会导致实践主体应用资源效率下
降；反过来，倘若实践主体提升教育资源的应用成效，就能够使教育
资源供给总量增长，为科学配置教育资源创设环境。

2.2　教育资源配置评价指标及指标体系

2.2.1　教育资源评价指标

关于如何界定"教育资源评价指标"，不同的学者持有不同意见。
这些分歧首先表现在其名称上，如教育指标、教育品质指标、教育进
步指标、教育发展指标、教育效能指标、教育发展指标、教育效能指标
等。其次表现在指标与变量的混乱上，在某个专家的眼里只能算是变
量，到另外一个专家哪里可能被视为指标。教育资源评价指标的概念源
于社会指标，为社会指标体系的一部分。然而教育评价指标毕竟不同于
社会指标，后者关注的指标不能反映教育系统的整体情况，难以获得教

育研究者的认同，因此许多学者从不同的角度对教育评价指标应具有的特征及教育指标的功能作了诠释。例如，Johnston将指标定义为一种统计测量，认为指标具有五大特征：第一，指标能指引事物的主要方面，但不一定具有精确性。第二，指标与指标下面的变项不同，变量只能反映事物的特定层面，而指标却是有概念意义的变项。第三，指标是可以量化的数字，但必须依据构建的原则，解释指标的意义。第四，指标的值是短暂的，仅仅适用于少数或一段时间。又如，Oakes（1986）将教育指标定义为"一组能够揭示教育系统健康表现状况的统计数据"。有些学者则认为，数据不全是指标，只有当指标能够在不同学校、地区间相互比较时才能称为指标。还有一些学者认为，指标的特征表现为在衡量系统健康程度时可起到充当重要信号的作用。另外，指标还具有标准性，能够提供一个判断标准。还有一些人引入了政策相关标准，只有这些数据能够提供政策支持时，才能被称为指标。

综合以上定义，我们可以看出，教育资源配置评价指标具有下列特性：第一，描述性，能够反映教育系统的主要方面。第二，可信性，指标中要收集的数据是可信的。第三，监控性，数据可以反映教育系统发展的健康程度。第四，便捷性，数据是容易收集的，并能够为政策制定提供支持。

基于以上文献资料，本书将教育资源评价指标界定为：描述教育配置的效率的一系列数据，提供相关的教育信息，据以理解教育发展的健康程度。通过教育资源配置的指标，我们可以监控教育资源被利用的状况、评价教育资源高低程度，以及指定相关教育政策。

2.2.2　教育资源配置评价方法

迄今为止，国内外学者对于教育的资源评价方法分为两大类：一类是主观赋值评价法，主要是指各类专家以经验得出相应的参数，相对比较主观；另一类是客观赋值评价法，主要是通过各类指标相互之间的关系或者变异体系得出相应的参数。教育资源配置评价方法中比较有代表性的包括层次分析法、数据包络分析法、主成分分析法和灰色关联度法。

1．层次分析法

层次分析法（Analytic Hierarchy Process，AHP）是指将与决策总是有关的元素分解成目标、准则、方案等层次，在此基础之上进行定性和定量分析的决策方法。该方法是美国运筹学家匹茨堡大学教授萨蒂于 20 世纪 70 年代初，在为美国国防部研究"根据各个工业部门对国家福利的贡献大小而进行电力分配"课题时，应用网络系统理论和多目标综合评价方法，提出的一种层次权重决策分析方法。

2．数据包络分析

实现对于决策单元之间关系的确定，是探究其相对有效性的重要手段和方式。简单来讲，以单输入单输出的工程概念为引导，将其运用到多输入多输出的决策单元有效性评价过程中，以发挥其在数据分析方面的效能。实际上，当前很多领域都将这样的模型运用到实践工作中，只要其处于同类型的部门或者单位中，它们在不同时期的效率就会有很大的不同。在评价过程中，称被评价的企事业单位、部门或时期为决策单元，即 DMU。C2R（数据包络分析）模型是在 DEA（数据络线分析）模型理论基础上衍生出来的分支，其关注的是多个决策单元，以投入和产出数量关系的经济系统来实现对决策单元有效性和合理性的判定。

3. 主成分分析法

20 世纪初，Pearson 提出主成分分析法的概念，他主张将其运用到非随机变量的分析过程中。随着在此方面理论研究的深入，Hotelling 在其理论基础上，积极探究，并将其运用到随机变量的领域中，由此使得其使用价值得以开发，进而演变为多元统计综合指标体系。本质上，主成分分析法就是数学变化法的一种，实现由原来相关指标向组合综合指标的转变，进而在多维变量系统的基础上，实现对应信息的降维处理。在具备对应变量的条件下，以这种方法去处理，可以将其转化为另外一组变量，并且两者之间并没有多大的关联。与此同时，还可以在方差大小的角度实现排序，在此变化的过程中，总方差是保持不变的。在此，我们将最大的变量称作第一成分，将第二变量称作第二成分，依次不断推算下去，直到最后一个变量。

4. 灰色关联度法

灰色关联度法的提出者是华中理工大学的邓聚龙教授。他通过大量的理论研究和实践探索之后，得出灰色关联度的相关研究成果。国内外很多学者在此方面也进行过探究，对他的理论比较认同，并且积极尝试将其理论运用到各种学术研究中。所谓灰色关联度法，就以灰色系统理论为引导，发挥其预测方面的效能，这往往可以在数据不明确的背景下，找到数据中潜在的规律，由此实现对应数据的自动化处理，以满足不同的数据分析需求。

各类教育资源评价方法都有各自的优缺点，数据包络分析法多用于投入产出的评价体系，而渝东南民族地区义务教育资源配置的产出数据较少，相对不大适合，而主成分分析要求变量指标在降维后的信息量保持在一个较高的水平上，这在实际操作中对数据的要求较高。同时灰色关联分析法还不太完整，该方法中各指标的关联性只能是平行的。但是，渝东南地区义务教育资源的配置的指标中上下级之间都有一定关联性，使用灰色关联度法进行评价的准确性比较低，难以达到要求。综合分析其各自优缺点，以及结合渝东南民族地区的实际数据采集情况，最终选择层次分析法作为渝东南民族地区义务教育资源配置的评价方法。

2.2.3 教育资源配置评价指标体系

由于教育的影响因素众多，单一的指标或者一系列的数据都不能概括出复杂教育系统的全部，指标体系通常被应用进来，但是指标体系不仅仅是一类指标体系的简单叠加，"它是根据理论模式收集有关教育现象的各种统计量数，据以了解每一构成要素或成分的意义，以及如何结合在一起而产生全面的影响，从体系中得到的整体咨询，远大于指标所提供信息之总和。"在理想的情况下,"指标体系不仅要能利用每个组成部分表现出整体的信息,而且要清晰地表现出各个组成部分之间的联系。"教育指标体系是由一系列清晰而明确的指标构成的,借以衡量教育系统中重要的构成要素。因此,为了对教育系统的复杂成分加以测量,并了解这些成分如何结合而产生教育结构。综上所述,教育指标体系的定义就十分明显了。教育指标体系就是在一定的理论构建下,一系列教育指标所构成的完整体,指标之间具有严密的逻辑相关性。

在对教育资源配置指标体系作出解释后,就可以界定义务教育均衡发展指标体系的概念。义务教育均衡发展指标体系就是在一定的理论基础上,通过一系列指标数据,提供当前义务教育发展状况,通过指标提供的相关信息,可以理解当前义务教育发展的健康程度以及教育非均衡发展状况,从而为政策制定者提供相关的信息,助力其及时制定相关的政策以保证义务教育良性、健康发展。

义务教育资源配置评价指标选取原则

完整的指标又包含名称和数值两个必不可少的部分,其分别反映了指标的质和量。指标的种类纷繁复杂,但大卫认为,作为一个好的指标应该具有搜集计算低成本、易于了解、易于比较等特性。由于社会、经济的复杂多变,仅有少数指标无法全面反映所有的问题。因而,我们需将有定相关的多个指标按照一定的比重科学地组合成一个指标。在选取所需指标时,我们应当遵循能反应测算内容的原则,维系各个指标,使彼此之间既存在相关性又相互制约,从而构建出一套科学、完整的评价指标体系。

1）相关性原则

义务教育资源配置评价的指标和评价的目标有着不可分割的联系，必须充分客观地反映目标，在选取指标时应当注意，应有目的地筛选，因为并非与教育相关的指标都可以拿来当作义务教育资源配置效率的评价指标。

2）系统全面性原则

义务教育资源配置评价指标必须满足以下两个要求：第一，义务教育资源配置效率的评价系统是个由多输入和多输出共同构成的评价系统，因此要系统全面地衡量，充分考虑各项指标的主次关系，选取最主要指标；第二，定量指标与定性指标相结合，但是为了避免主观因素过多而影响评价的客观性，应当定量为主、定性为辅，尽可能避免太多定性指标，社会、经济效益应尽量量化。

3）可行性原则

可行性也可以理解为可操作性，即指标数据的获取应当具有可操作性。通过无法或者难以获取准确数据的指标作出的评价结果可能不准确，就没有任何意义；数据的来源应当是可靠的，如果通过指标无法得到可靠的数据，那么即便是合理的指标也应当舍弃。例如学生的素质这一指标无法直接测量，可通过各学科成绩来衡量。评价的指标数据必须要有其他数据作为参照，否则不能采用，有了数据参照才能做出准确的判断。

4）规范性和稳定性的原则

指标的设计必须科学，且具备规范性。同时，在指标的选择上应避免大的波动，保持指标体系的稳定性。这对持续、稳定的评价义务教育资源配置效率意义重大，对比较不同的效率评价结果也是极为有利的。

2.3　相关理论

2.3.1　教育公平理论

自 20 世纪 60 年代起，国外就开始深入研究教育公平理论。其中，最具代表性的就是美国学者科尔曼在 1966 年提出的"教育机会均等"。在他的研究中，把教育机会均等划分为四个不同的方面：一是教育机会均等，即无论什么样的家庭背景，适龄儿童将获得相同的教育机会；二是教育过程均等，即社会向全部的适龄儿童提供免费教育，提供同样的课程，不管其家庭背景如何；三是教育结果均等，即利用教育有效克服个体差异，从而获取社会成就均等的机会；四是教育对今后的影响均等，即接受教育后取得社会成就的机会均等。

此后，研究人员结合科尔曼对教育机会均等的研究，把教育公平归纳成三个不同的层面：一是起点公平；二是过程公平；三是结果公平。其中最主要的就是重视起点公平，使所有的适龄儿童都有均等的教育机会。唯有教育公平的主要目标得以实现，方可追求更高层次的要求。例如，对个体差异性、选择性高度关注，使教育与儿童自身发展需求相符合，充分发挥儿童的潜力和特点，确保身心健康发展。构建民族地区教学点，是国家为了满足教育起点公平需求，确保偏远地区民族地区儿童受教育的权利和义务，实现义务教育的全覆盖的一种方式。今后民族地区教学点发展必须有效推进教育起点、过程、结果公平，确保满足教育公平更高层次的需求，使真正的教育公平得以实现。

2.3.2　教育均衡发展理论

从经济学角度出发，均衡通常指在经济体系中变动指标处于均衡时，达到相对稳定的情况。从本质来看，教育均衡就是国家通过制定具体法律规定，对公民具有教育的权利、义务给予有效保证，并科学配置教育资源，向公民提供较为均等的教育条件。对教育均衡来说，它主要有三个方面的内容：一是教育起点；二是配置资源；三是教育质量。在这之中，最关键的内容就是重视配置教育资源均等。它的主要原则就是使教育过程中出现的不公平情况有效缩减，从而使教育资源配置不科学的情况有效转变，对弱势群体给予有效的帮助与指导。

从国内教育均衡发展来看，尤其是基础教育均衡发展方面，它主要有四个方面：一是低水平均衡阶段，也就是将九年义务教育进行普及，关注教育起点公平；二是初级均衡阶段，也就是对教育管理体制变革有效推进，对教育条件均等给予关注；三是高级均衡阶段，也就是强化学校教育内部教育，对教育质量均等给予关注；四是高水平均等阶段，也就是教学资源极大丰富，不同受教育群体之间的差别缩小。

2.3.3　公共产品理论

公共产品理论源于西方学者对政府职能和国家财政等问题的探讨，最早可以追溯到英国著名学者托马斯·霍布斯的社会契约论思想。他在1651年发表的著作《利维坦》中提出了社会契约的理论，认为国家是由群体形成契约并赋予职权的一个组织，对个体无法实现的公共产品国家应该担负起供给责任。1740年，英国著名哲学家大卫率先发现并提出了"搭便车"理论，他在著作《人性论》中以"公共草地排水"为例，对超越个人利益的公共性问题进行了讨论。他指出，由于"搭便车"现象的存在，公共利益需要由国家维护。在大卫提出"搭便车"理论后，亚当·斯密在1776年出版的《国富论》中对政府职能的问题进行了进一步的深入研究。他指出，自由市场能够实现资源的最佳配置，政府只需要充当"守夜人"履行保护本国社会安全、保护个人安全、建设和维护公共事业及公共设施三项职能，并提出最低限度的公共服务。1919年，瑞典经济学家林达尔在其博士论文《公平税收》中最先正式提出公共产品的概念，他提出的供求均衡关系被称为"林达尔均衡"。而真正意义上将公共产品和私人产品两个概念进行明确区别的是美国著名经济学家萨缪尔森，萨缪尔森关于公共产品概念的界定曾受到部分学者的批判和质疑，但还是得到了理论界大多数学者的认可，成为公共产品概念的经典定义并沿用至今。受萨缪尔森的影响，马斯格雷夫在其1959年的著作《公共财政理论》中将非竞争性和非排他性同时作为界定公共产品的两大标准。美国公共经济学家布坎南在萨缪尔森等人的研究基础上创造性地提出了"俱乐部产品"理论。此后，公共产品理论不断发展并逐渐成熟，成为现代公共经济学的重要核心内容。

从西方学者对公共产品的相关研究成果来看，公共产品必须具有消费的非排他性和消费的非竞争性两个基本属性。公共产品消费的非排他性是指在消费公共产品的行为上，任何个人或组织都无法独立消费该产品而排除其他人的消费，也无法排斥自身对该产品的消费。公共产品消费的非竞争性是指在消费公共产品时，增加一个人的消费不会影响其他人对该产品消费的数量和质量，新增消费者消费该产品不需要支付额外的消费成本。2018 年最新修订的《中华人民共和国义务教育法》规定，我国的义务教育是由政府免费向社会提供的基础性公共教育服务，具有免费性、普及性和强迫性的特点。因此，义务教育具有明显的非竞争性和非排他性的公共产品特征：非竞争性体现在个人在接受义务教育时不会影响他人对义务教育整体服务质量的享用，由于免费的性质，新增的受教育者不会造成学校教育成本的增加；非排他性体现在个人无法将他人排除在外而单独享受义务教育服务，正常情况下，每个符合法定年龄的儿童和青少年具有接受义务教育的权利和义务是平等的，不能将他人排除在外。

关于义务教育产品属性的界定，我国学者虽然仍有一定的分歧，但义务教育是一种公共产品的观点得到普遍的支持。厉以宁认为，义务教育是具有纯公共产品性质的教育服务，即使不享用此类教育的人也需要为此支付费用。王善迈指出，义务教育是一种强制的免费教育，应该由政府承担提供义务教育的主要责任。胡鞍钢和熊志义认为，义务教育是一种重要的制度安排，义务教育的实施使基础教育成为公共物品。王一涛和安民认为，政府以免费的方式向社会公众提供的义务教育属于公共产品，而由市场提供且需要交费才能享用教育服务的教育产品属于私人产品。

综上所述，我国的义务教育具有显著的公共产品特征，义务教育的公共产品属性在理论上得到了学者们的普遍认同。因此，义务教育公共服务主要依靠政府供给。义务教育是我国的国民基础教育，义务教育的均衡发展是社会公平的体现，义务教育对提升国民整体的文化水平和综合素质发挥着巨大的作用，因此，必须坚持发展政府免费供给的普遍性义务教育。

2.3.4　基本公共服务均等化理论

基本公共服务均等化是一个具有中国特色的理论术语，只有正确理解公共服务、基本公共服务和均等化三个词语的核心概念，才能全面把握公共服务均衡化的内涵和本质。西方学者对于基本公共服务的研究最早起源于德国。19 世纪中后期，德国著名学者瓦格纳最早提出基本公共服务概念，他指出政府财政支出的重要部分就是基本公共服务。20 世纪初，法国学者莱昂认为，任何必须由政府来加以规范和控制并且与社会团结的实现与促进不可分割的活动，就是一项基本公共服务。国内学者唐钧指出，能够保障公民的居住权、健康权、生存权、受教育权、工作权、资产形成权等基本权利活动就是基本公共服务。刘尚希认为，与低层次消费需要有密切关系和能够满足人们不同消费需求的服务属于基本公共服务。综上所述，基本公共服务是指由政府提供的具有公益性和普惠性的基本生活保障服务，对公民在社会生活中的生产和发展发挥着基本的保障作用。

2017 年，国务院发布《"十三五"推进基本公共服务均等化规划》，再次强调了基本公共服务均等化的范围和国家标准。我国基本公共服务均等化的主要发展目标集中在公共教育、劳动就业创业、社会保险、医疗卫生、社会服务、住房保障、公共文化体育、残疾人公共服务八个领域。基本公共服务均等化指的是所有合法公民在社会活动中能够获得的大致均等的基本公共服务，强调公民在享受基本公共服务过程中的参与机会均等，不仅仅是指普通无差异化和均等化。基本公共服务均等化以公平公正作为基本的价值追求，其供给主体是多元化的。在政府的主导下，鼓励多种社会主体公共参与，激发社会力量的助推作用，一方面可以为基本公共服务的供给筹集更多的资金，另一方面扩大了基本公共服务的供给渠道，满足了社会公众的多样化基本需求。它的服务对象包括国家内的全体社会公民和组织，每一位公民都可以平等地享受基本的公共服务。基本公共服务供给的内容是多样化的，根据不同的性质可以分为社会型、经济型和维护型三种。

全面推进基本公共服务均等化，是实现社会公平的重要措施，有助于缓解基本公共服务供给和需求不均的矛盾，有利于构建和谐社会，同时也是全面建成小康社会的内在要求。义务教育属于基本公共服务均等化服务清单中基本公共教育最基本的环节，推进义务教育均衡发展是实现基本公共教育服务均等化的重要前提。当前我国基本公共教育服务在县域服务内供给不足、供给质量不高的问题较为突出，因此，大力推出县域义务教育均衡发展，既是建设服务型政府、保障和改善民生的必然选择，又是全面推进基本公共服务均等化的内在要求。

第3章 乡村振兴战略与义务教育的关系

国内城乡经济社会发展不均衡，使得农村和城市义务教育在发展水平方面有很大的差距，农村义务教育成为我国基础教育最主要的问题之一。在乡村振兴战略实施的大背景下，想要使农村义务教育问题全面解决，使城乡义务教育一体化发展得以推进，必须要对其内涵、意义、要求等进行充分地了解、分析和研究，使其发挥重要作用。

3.1 乡村振兴战略的内涵

为了更好地满足广大人民群众对美好生活的需求，解决城乡发展不均衡方面的问题，党的十九大提出了乡村振兴战略，成为新时期三农工作的重中之重。在这种背景下，制定实施农村优先发展战略，结合产业发展、生态适宜、乡村文明等要求，健全、完善城乡融合发展的体制，全面推进农村经济、政治、文化建设发展使从而使乡村治理体系不断完善，治理能力现代化全面提升，农业现代化有效推进，形成具有中国特色的乡村振兴道路。

此外，对乡村振兴战略过程中的任务进行明确：到 2035 年，乡村振兴取得一定成效，为农业农村现代化的实现打下坚实基础；到 2050 年，农业强、农村美、农民富的目标全面实现。总之，乡村振兴战略能够使农业升级、农村进步，农村发展得以推进，从而对新时代乡村振兴发展起到积极作用。

3.2 乡村振兴战略下加强民族地区义务教育的重要性

3.2.1 乡村振兴战略为民族地区义务教育的发展提供政策环境

随着乡村振兴战略的深入推进，各级政府开始高度重视乡村振兴战略，很多研究人员开始分析研究乡村振兴战略促进民族地区义务教育发展的作用。乡村振兴战略规划提出，要对乡村人才发展给予支持，推进民族地区文化发展，全面推进乡风文明。乡村振兴战略规划提出，要全力发展民族地区教育事业，对民族地区基础教育学校进行科学布局、统一摆布，对学生就近接受教育给予保证。同时，有效推进义务教育公办学校标准化发展，解决贫困地区义务教育发展不足、办学条件欠佳的问题，强化寄宿制学校建设，全面提高乡村教育质量，科学配置县域校资源。对乡村振兴战略的实施来说，其单位主要是市县，将城市优质学校软、硬件资源向乡村倾斜。全面统筹乡村师资科学，以乡村为重点，有效解决乡村人才短缺的问题，把人力资本开发工作当作关键内容，为民族地区义务教育的发展打下坚实的政策基础。

3.2.2 民族地区义务教育的发展为乡村振兴战略提供智力保障

中国是典型的农业大国，民族地区人口数量多。然而，因为贫困山区的经济发展水平落后，民族地区义务教育在条件、师资以及食宿等方面有很多不足，这些不足如果得不到有效的解决，就会严重影响乡村振兴战略的实施。在乡村振兴过程中，民族地区义务教育发展的作用是十分关键的。第一，民族地区义务教育的发展能有效提升农民自身素质。对民族地区来说，大多数农民的思想较为落后，接受外界信息的能力不强。这使得农民群体在实施乡村振兴战略的过程中较为吃力，农业发展也受到严重影响。第二，民族地区义务教育的发展对民族地区经济文化的发展产生影响。农民以体力劳动为主，不了解如何应用科学的方法使水稻等作物产量有效提升，同时产品商品率不高，仅够自家食用。当前民族地区的普遍现象是，很多青壮年都出外务工，村中只有老人、小孩等，使得很多土地荒废。这一情况如果不断循环下去，对本地社会经济的发展是不利的，想要使贫困落后的情况得以改善是很难的。第三，民族地区义务教育的发展能提高农民文化水平。教育程度不高的农民不知道怎样有效提升自身素质，在休闲时间容易染上赌博等不良习惯。这一方面使农村社会风气受到影响，另一方面对民族地区社会发展、文化发展产生影响。扶贫一定要扶智，将良好的教育提供给贫困地区的儿童，这是扶贫开发的重中之重，同时也是有效阻碍贫困代际传递的主要渠道。对民族地区义务教育发展来说，就是使乡村人力发展得以增强，使农民自身素质提升，使民族地区人力资源创新能力有效提升，从而为人力资源强国的发展打下坚实基础。所以，发展民族地区义务教育是民族地区发展的重中之重，一定要将民族地区义务教育问题全面解决，这是乡村振兴的关键工作之一。

3.3　乡村振兴战略对义务教育资源配置的要求

3.3.1　均衡布局基础教育服务平台，推动城乡基础教育一体化发展

乡村振兴的目的就是使城乡差距有效缩减，使城乡二元结构得以淡化，使城乡一体化发展得以实现。所以，使乡村振兴战略得以实现的重点就是使城乡基础教育一体化发展得以推进，这是民族地区教育重新构建的关键。要推进城乡教育一体化，推进民族地区义务教育发展，改进教育结构布局，科学调整资源配置，实现办学条件、教学环

境等一体化发展等，均衡布局基础教育服务平台是重要的手段。均衡布局基础教育服务平台主要涉及三个方面：第一，有效推进民族地区经济建设发展。使城乡经济一体化发展得以实现，尽量使城乡区域不平衡、发展不充分的情况有效转变。由于经济基础对上层建筑有直接的影响，乡村经济发展势头强劲对城乡教育一体化发展有一定的支持作用，故乡村产业生产链发展得以推进。在此基础上，增强乡村公共服务平台建设，使城乡均衡的教育资源供给得以建立。第二，有效构建城乡生态教育系统。对乡村振兴来说，必须重视生态环境，现阶段社会发展对城乡生态文明建设给予关注，新型民族地区建设要与生态文明建设要求相符合，乡村教育要与乡村经济建设发展需求相符合，要与村民生态保护意识形成相符合，使生态教育理念得以形成。第三，建立城乡教育一体化管理部门。对城乡教育一体化过程进行管理与评价，加大乡村教育治理力度，提升治理成效，建立健全乡村振兴治理体系。

3.3.2 改进民族地区教育形态，形成终身教育理念

对乡村振兴来说，主要就是使乡村生活富裕得以实现，使农民的物质、精神生活需求得以满足，所以乡村振兴战略的实施，必须要以终身教育理念为依托，使乡村教育体系得以形成。第一，家庭教育定位全面转变，应高度重视家庭的教育性作用，有效应用家庭资源，让学习型家庭教育意识形态得以建立，使家庭成员间的教育体系得以形成。以家风、兴趣等为依托，有效规范家庭教育权利，对家庭非常

态教育进行约束，使生活与学习相结合的辅助教育体系得以建立。第二，增强社会教育作用，对民族地区教育体系来说，建立以成教、职业教育以及社区教育等为基础的继续教育体系。第三，完善学校教育体系，要改进学校教育结构，将乡村教育资源有效整合，使政府政策供给增加，优化民族地区教育制度体系，建立新型民族地区学校教育体系，使家庭、社会学校教育的共同发展得以推进，同时，以终身教育理念为依托，建立民族地区教育模式，推进乡村振兴战略的发展。

3.4　乡村振兴战略下民族地区义务教育存在问题及分析

3.4.1　城乡教育机会差异显著

对社会城乡差异来说，最主要的就是城乡教育差异，这主要通过升学率体现。从小学向初中的升学率可以看出，乡村小学和城市小学升学率过百的实际是不一样的。2006 年，民族地区小学升学率超过97%；2013 年，民族地区小学升学率为 92%，其呈现下降的态势。从初中向高中的升学率可以看出，2006 ～ 2013 年，城市升学率一直维持在 90% 左右，但是民族地区长期以来都不足 40%。值得注意的是，由于城乡教育均衡化的不断深入，民族地区九年义务教育基本实现，然而民族地区初中学生辍学的情况十分突出。最近几年，大多数民族地区中小学生进城就读的情况越来越突出，城市学校学生数量越来越多，民族地区学校学生数量不断降低。从这一角度出发，将城乡教育不平等、民族地区教学质量不佳等情况充分体现出来。从高中时期可以看出，高中时期教育机会的城乡差异与小学、初中相比要高很多，很多民族地区中学生毕业后就开始打工，经济不发达的民族地区的高中教育存在停滞的情况。从大学时期能够看出，教育机会的城乡差异尤其显著。1999 年，大学开始扩招，城乡学生接受高等教育的机会越来越多，然而城乡大学生的比例差异日益显著。同时，由于学历的不断增长，城乡间的差异越来越大，这同样是基础教育时期城乡差异的体现。城市同龄人口中高中教育的占比与民族地区相比要高很多使得城市人口增加了接受高等教育的机会，而且重点高中大多都位于城市，师资力量以及经费等以城市为主，使得城市教育的优势十分突出。

3.4.2 城乡教育资源配置相差甚远

由城市与民族地区学生平均义务教育经费与可知，两者之间差距较大。

国家每年都会增加义务教育经费，特别是民族地区义务教育经费，增长速度远远高于城市。但与全国平均水平相比，民族地区中小学生人均预算内教育经费仍旧与之有差距。以 2001 年和 2018 年为例，2001 年全国小学生均经费以及民族地区小学生人均经费分别是 645.28 元、550.96 元，相差 94.32 元；全国初中生人均经费与民族地区初中生人均经费相差 160.86 元。2018 年全国小学生人均经费、民族地区小学生人均经费分别为 11328.05 元、10548.65 元，相差 779.4 元；全国初中生人均经费与民族地区初中生人均经费相差 1859.61 元。可见，城乡义务教育阶段学生人均教育经费差距较大，与全国平均水平相比，民族地区学生人均教育经费在逐步扩大。

根据师资情况可知，民族地区义务教育教师学历也存在欠缺，与城市相差甚远。以 2016 年为例，全国小学教师中专科及以上学历的占 94%，民族地区教师中这一比例为 92%，初中教师中本科及以上学历的占比为 82.6%，民族地区教师中这一比例为 78.8%。贫困地区教师资源困乏，师资问题严重阻碍了民族地区教育的发展，但短时间内无法填补大量教师空缺。由于民族地区教学资源严重不足，教师得不到相应的保障，再加上民族地区条件远远比不上城市，所以很少有优秀教师自愿留在民族地区，同时民族地区的优秀教师也因条件以及环境问题前往城市寻找工作机会，造成民族地区教师资源大量流失。由此可见，民族地区教师结构不完善、教师老龄化、知识老化等现象对其教育产生明显阻碍。

在办学硬件条件方面，民族地区义务教育的教学设施严重不足，远远比不上城市的条件。首先，两地中小学生人均仪器设备值存在巨大差距。另外，教室、计算机设备、运动场地等设施大相径庭。以 2013 年为例，民族地区小学、初中的危房面积分别是城市小学、初中的 8 倍、4 倍；城市小学、初中体育馆面积分别是民族地区小学、初中的 6.2 倍、9 倍；城市小学、初中拥有计算机数量分别是民族地区小学、初中的 1.4 倍、1.8 倍。

由民族地区教育资源则整体分布可知，民族地区小学数量逐渐递减。据统计，从 1976 年到 2016 年，国内共有将近 92 万所小学消失；截至 2016 年，全国小学数量不足 20 万所，这些消失的小学基本都位于民族地区。20 世纪 90 年代，"撤点并校"的出现使得大量小学迅速消失，小学生上学越来越难，同时也产生一系列社会问题。据调查，"撤点并校"延长了将近 60% 小学生从家到学校的距离。华中师范大学相关调查表明，上学路途遥远成为民族地区儿童辍学在家的主要原因，其影响远大于贫穷、学习困难产生的影响。进入"后撤点并校"时代后，尽管学校不会再被强制撤并，但依旧无法改变民族地区小学数量持续减少的局面，很多有能力的家长还是为孩子选择了县城或乡镇的学校，尽可能为孩子提供更好的学习环境，这种现象也充分说明民族地区义务教务无法满足民族地区当地孩子的学习需求。

3.5 乡村振兴战略背景下民族地区义务教育发展途径

城乡义务教育一体化发展的重点在于推动民族地区义务教育的发展。首先，可以从政策扶持、资源优先供给、精准脱贫攻坚等方面为民族地区义务教育的发展提供帮助，尽可能减少民族地区义务教育与城市义务教育之间的差距。其次，构建城乡义务教育一体化发展机制，充分发挥城区教育资源的作用，为民族地区义务教育提供帮助，继而实现共同发展。城乡义务教育一体化不能急于一时，需要循序渐进。在城乡融合关系的影响下，城乡义务教育一体化发展程度不仅代表着城乡融合度，也代表了乡村振兴完成最终目标的进度。城乡高度融合是城乡义务教育一体化发展的基础。如今，乡村振兴发展需要依靠城乡融合发展的辅助，而城乡融合发展同样为城乡义务教育一体化发展提供了更多机遇。

3.5.1 制定政策消解二元结构，促进城乡学校文化建设一体化

制定补偿性政策，加快二元教育结构转型升级，要充分利用财政的再分配功能，针对民族地区义务教育发展的特点制定相应的帮扶政策，尽最大可能缩短城区义务教育与民族地区义务教育之间的差距。针对义务教育学校的建设，可以尝试对优势资源进行整合，以经济落后的民族地区为出发点，逐渐过渡至经济发达区域，推动城乡义务教育一体化发展进程。因此，城乡学校文化一体化有利于进一步消解二元教育结构。

学校文化是学校建设中最为关键的一部分，起到明显的引领作用。学校文化的发展在一定程度上影响着学校培养目标的达成，所以应当将学校文化建设放在首位。同时，要树立城乡学校文化观念一致、文化资源共享的理念。城区学校与民族地区学校通过教学理念、课程设置、评价体系等方面的交流与互动，进一步统一文化观念；不管是传统文化的选择与传承，还是外来文化的认同与融合，城乡学校文化都具有相同的权利。学校的软硬件设施、教育信息、经费使用等方面也都要实现城区学校与民族地区学校的共享。在一体化建设中，

还要坚持本土化与特色化相融合的发展路线，使得一体化发展的内涵更加丰富。

3.5.2 构建城乡师生学习共同体，通过共享校本课程推动城乡学校课程一体化

在城乡学校文化一体化机制的帮助下，构建城乡师生共同体，将距离较近的城乡学校构建成共同体，进而更好地共享教学资源，充分发挥各个学校的优势。教学共同体中的教师按时开展教研活动，向他人学习优秀的教学经验，共同进步；共同体内的学生组成学习小组，可面对面交流，也可利用专业的平台或软件进行沟通，互相提升学习积极性，帮助他们完善知识架构，实现资源共享，提高沟通能力，实现身体与心理共同发展。城乡学生共同体建设不仅有利于在交互过程中形成更加开放的新型文化，而且有利于城市文化与民族地区文化之间的融合，还有利于城市学生与民族地区学生的交流与沟通。民族地区孩子可以了解到更多知识，扩展知识面；城市学生则有机会看到城市中没有的新鲜事物，加深他们的乡土情怀。

依附于共同体实现校本课程的共享化可以有效促进城乡学校课程的同步发展。城乡义务教育学校建立在国家与地方等课程的基础之上，应在共同体中实现地方课程的共同建设、校本课程的共同分享，加强校际之间的高效合作，确保课程各方面的共享化，通过优化与整合各种丰富的资源，充分发挥自身所具有的重要作用。专业现代重点课程（School-based）共享必须坚持适当性这一重要原则，结合城乡学校自

身所具有的特征，开设一批高质量、高度匹配的课程，保证课程计划的顺利推进。城乡学校立足于当前学校课程发展的具体需求，致力于课程交流渠道的开拓，并针对其存在的利弊、对课程的具体需求、典型特征等，全面贯彻落实校本课程开发的推进。城乡学校应该为教师提供更多的优质资源，定期组织教师开展交流学习活动，共同推出一系列具有共享性质的校本课程，实现资源价值的最大化。城乡学校可以通过建立优质校本课程开发基地的措施，开展一系列有关校本课程开发的活动，不断提升城乡学校课程的品质，从而实现课程建设的同步发展。

3.5.3 运用"订单式"方法培训民族地区全科教师

贯彻落实现代化的"双师"课堂，优化整合城乡师资力量，充分发挥现有政策的重要作用，实行"订单式"方法，培训出一批优秀的、全面的、专业的民族地区全科教师，从而使民族地区师资力量的不断壮大。《乡村教师支持计划（2015—2020年）》《中共中央国务院关于全面深化新时代教师队伍建设改革的意见》等一系列政策的推出，为优秀民族地区教师的培养工作提供了强有力的政策支持。采用"订单式"方法，保证师资的高质量，民族地区依据自身对师资力量的需求，向上推选出适宜的教师人选，同时由上级政府及作业主管部门提供资金、政策、人力等保障，从而使民族地区教师更加坚定地致力于教育事业的发展。针对民族地区的师资现状，必须加强对全科教师的重点培养工作，师范院校也应该积极响应，建立健全一套科学合理的全科教师培养课程体系，提供有限的招生名额，保证民族地区全科教师的培养工作顺利推进。加强对滞后民族地区教师的培训与教育，定期检查民族地区教师的教学工作开展情况，并对其予以建档建卡备案。必须要注意的是，应该对民族地区教师教育教学工作的短缺与不足之处予以精准把握，并针对问题提出具体的解决方案，切实保证培训工作的高效性，实现教学能力、综合素养的全面提升。

3.5.4 开创高效化、综合性的智能平台，运用大数据技术来保证城乡义务教育发展的精准服务

随着现代化科学技术的进步与发展，大数据、计算机仿真技术等也逐渐进入了人们的生活，因此可以借用这一优势建设一个集城乡学校、师生、家长等教育主体一体化的优质智能平台。而信息科学技术的飞速进步，可以加快城乡义务教育的发展进程。以综合性智能平台为基础创建智慧学校，从而实现各种优质教育资源的价值最大化，加强城乡中小学校之间的联系，尽快缩小城乡学校在资源方面上的差距，从而实现城乡学校教育的同步发展。

利用大数据技术获取信息具有全面性、便捷性等优势，依据具体情况对城乡教育政策予以优化调整，保证城乡教育资源配置的均衡性。大数据技术可以使区域城乡教育发展实现由群体性至个体化的性质转变，从而推动教育发展的转型升级。个体具体包括师生、学校等不同的个体。运用大数据技术可以采集各种数据信息，从而服务于每个学生的教育发展，保证城乡学生资源与服务的均衡性；运用大数据技术，

充分采集民族地区学校的既往有效数据，通过对资源、生源、地区等特征的探讨分析，提出一套科学合理的学校发展方案，提升民族地区学校的教育质量，实现城乡义务教育的同步发展。

3.6　乡村振兴战略下民族地区义务教育发展对策和措施

坚持"抓重点、补短板、强弱项"三项核心原则，采取一系列切实可行的具体措施，全面推动城乡义务教育的同步发展。

3.6.1　统筹规划，弥补不足，科学配置城乡教育资源

第一，全面贯彻落实均衡布局战略，将优质的教育资源倾向于民族地区。科学分配教育资源，均衡各地区教育资源，有利于实现社会的公平性发展。目前，我国教育资源配置具有显著的倾向性等特点，城乡义务教育发展呈现两极化态势，民族地区教育的发展严重落后于城市教育是当前我国在城乡义务教育发展方面的显著特征。纵观整个社会，民族地区教育资源严重短缺，民族地区义务教育发展已经严重落后于城市地区，城乡教育资源具有极大的差距。所以，我国必须推出一系列有关教育资源均衡发展的政策，改善民族地区中小学在义务教育发展上的不足，尽可能地逐步缩小城乡教育发展差距。至此，政府

及有关部门也应该在政策、资金等方面倾向于民族地区；逐步减少一些民族地区学校撤并、布局不妥等而导致的上学难、辍学等现象；应该进一步扩大民族地区学校教师编制的规模，为民族地区教师提供更多的绩效工资；全面贯彻落实公用经费补助政策，从而实现民族地区学校服务与政府服务范畴的兼容性。

第二，全面推进优质师资的引进计划，充分发挥各种教育资源的优势，推动民族地区学校的教育发展。以教育为核心，以教育为根本，以教育富国家。应该将师资引进计划与地方政府考核体系有机结合，落实责任追究制度的全面性。优质教育资源必须切合于民族地区群众的实际需求以及发展战略计划，加强与重点中小学之间的高效合作，从而实现"名校分校"与中心村之间信息流动的畅通性。针对要撤并的学校，可以根据实际情况做适当调整，甚至不接受并为学校的发展与进步注入新鲜活力。

第三，推行城市人才回流民族地区计划，倡导优质资源回馈民族地区教育。当前，我国人才在区域分布上严重不均，城市人才过于密集，而民族地区本身急需人才却又极其短缺，这进一步加剧了民族地区人才的短缺性。部分城市教师在退休返乡之后，表现出了积极的反馈民族地区教育发展的愿景。至此，政府及有关部门应该依据实际情况，推出一系列切实可行的政策，使城市人才逐步回流到民族地区。2018年7月，教育部、财政部共同颁布了《银龄讲学计划实施方案》，聘请了大量的退休教师，使其回流至民族地区中小学，助力教育事业的发展。其具有两方面的优势：第一，拓宽了民族地区教师的引进渠道，充分发挥示范带头作用，不断壮大民族地区中小学的智力力量，集中全力提升民族地区学校的教育质量，改善民族地区学校的师资现状；第二，退休教师拥有大量的教学经验，在品质、能力、素养等方面都显现出了优越性、超前性，毕生致力于教育事业的发展。"银龄讲学计划"是一项教育事业发展到一定阶段的必然产物，各级政府及有关部门应该为其提供政策、资金、人力等方面的支持，鼓励退休教师深入民族地区予以教学。至此，应为退休教师提供更多的保障，切实深入教育教学工作，从而真正推动民族地区义务教育的快速发展。

3.6.2　加大对民族地区教育软硬件建设的投入力度，建设高标准的学校

第一，为民族地区义务教育事业发展提供强有力的财政支持。依据相关法律法规的解释，公民享有接受教育的权利，国家应该为青少年义务教育的落实提供全面保障，至此必须依附于政府供给的财政拨款。教育事业具有公共服务的性质，政府应该主动承担其主要责任从而助力教育事业的发展。我国长期推行一项城乡二元教育投入机制，政府投入大量的资金、资源与人力倾注于城市教育的发展上，民族地区教育的资金费用却严重短缺。至此，应将更多的教育经费投至民族地区，为民族地区教育事业的发展推波助澜。探索改变当前教育经费按生分配的原则，立足于现实情况，增加教育经费，从而进一步缩小城乡教育发展差距。

第二，优化财政转移支付制度。义务教育推行的是"省级统筹、以县为主"这一核心管理体制，地方政府应该主动承担教育责任，推

动城乡义务教育的共同发展与进步。自税费改革之后，经济水平较差的地区在财政方面显现出了较大的问题，面临巨大的义务教育经费压力。因此，国家应该推行宏观调控等诸多有效政策，在财政转移支付之下，进一步缓解基层政府与农民的经济负担，推动民族地区义务教育的快速发展，切实解决民族地区中小学教育资源紧缺的问题。

第三，建立健全一套科学合理的城乡教育成本补偿机制，回馈民族地区义务教育为城市繁荣的贡献。随着城镇化的不断深入，城市显现出了巨大的吸引力，大量人才流入城市，而民族地区的高层次人才稀缺。至此，应建立健全一套科学合理的人才教育成本分摊机制，城乡两地政府共同承担人才培养经费与责任。

第四，加强民族地区学校的标准化建设。贯彻《关于统筹推进县域内城乡义务教育一体化改革发展的若干意见》的核心方针，促使民族地区学校标准化建设。至此，各县区应该建立一个切实可行的中小学标准化建设台账，从而提升民族地区的办学质量。投入经费以加大寄宿制及小规模学校的补贴力度，从而实现义务教育学校管理、办学的标准化。

第五，利用信息技术改善民族地区教育条件。2019年6月，《中共中央国务院关于深化教育教学改革全面提高义务教育质量的意见》提出："将信息技术与教育教学予以有机结合，为经济欠发达地区的学校提供更多的教育资源，从而缩小城乡在教育发展上的差距。"信息技术具有其他措施难以企及的优越性，可以引进更多的优质教育资源，壮大民族地区学校的师资力量。至此，应加强民族地区学校的信息化、标准化建设，以"互联网＋教育"理念渗透至民族地区学校的教育信息化发展过程中，提升民族地区师生的信息化水平，以便于实现民族地区学校的教育发展目标。

3.6.3　重视民族地区学校师资队伍的建设工作，提升民族地区教育质量

第一，重视民族地区义务教育的师资队伍建设工作。为了促使民族地区教育进一步发展，首先要关注师资队伍的建设情况。但是，民族地区社会经济的发展速度较慢，城市和民族地区之间的差距较大，民族地区中小学为教师提供的师资待遇一般，民族地区优秀教师缺乏、教师整体素质有待提升，这都影响了发民族地区义务教育以及民族地区社会快速发展。因而，民族地区师资队伍建设工作应作为工作重点，重视此项工作带来的影响，才能促进民族地区义务教育得到快速发展。

第二，提升民族地区中小学教师的福利待遇，吸引优秀人才。通过对比城市中小学教师的福利待遇可以发现，民族地区中小学教师的福利待遇较差，这是导致民族地区优秀教师流失率高，大学毕业生不乐意到民族地区工作的主要原因之一。因而，必须重视民族地区教师福利待遇的提升问题。面向民族地区教师制定有利政策，依据民族地区学校的真实状况提供不同的补助，按照"越往基层、越发艰苦，越是偏远地区、待遇越高"的准则不断提升民族地区教师的福利待遇，确保民族地区教师和同级别城镇教师的工资水平相同，县域内中小学教师的平均工资水平应超过本地公务员的平均工

资水平。今后应按照实际状况对生活环境艰苦、工作地点偏远地区的津贴补助标准进行调整，建立有效的增长机制。《中共中央国务院关于深化教育教学改革全面提高义务教育质量的意见》提及了提高教师福利待遇的要求，对于民族地区教师，不仅要提供不同种类的补贴，也要按照民族地区基层教师的工作真实状况以及特征确定职称评定标准，制定教师荣誉制度，让民族地区教师感受到各方对他们的认可。

第三，重视培训工作，全方位提升民族地区教师素质。相较于城市教师，民族地区教师在教学水平、专业能力方面有待提升。民族地区教师必须积极学习新知识，不断提升专业能力，才能有效完成工作目标。在信息化的时代，民族地区学校已经配置了多媒体设备以及网络设备，民族地区教师必须学习信息技术，懂得如何有效利用互联网以及多媒体设备开展教学工作。但是，大部分民族地区教师没有较多机会参加培训活动，各级政府应重视此方面问题，积极面向民族地区中小学教师开展培训工作，尤其要注重教师信息技术的培训问题，让民族地区教师积极参与在线教研、远程网络备课等教学活动，形成"人人用、课课用、堂堂用、时时用"的信息化教学新气象，确保教师有效利用现代信息技术开展课堂教学活动，不断提升民族地区的教学水平。

第四，采用师范生公费教育政策，为民族地区培育人才。教育部直属师范大学的师范专业学生是中学和小学教育方面的专业性人才主要提供方，这些人才有助于民族地区中小学教师队伍的有效建设。为了帮助民族地区获取大量优秀人才，2018年7月30日，教育部下发了《教育部直属师范大学师范生公费教育实施办法》，其中内容提及了五项措施：一是培育有信念、道德水准较高、知识储备较多、热爱教学工作的优秀教师；二是制定师范院校学生公费教育制度，面向公费师范院校学生毕业制定就业方面的有利政策；三是调整履约任教年限，公费师范院校学生必须到民族地区学校工作一年；四是调整履约管理政策。五是重视政策保证问题，制定优惠政策，提倡公费师范院校学生将来到民族地区学校工作。以上内容都有助于为民族地区提供大量专业性人才。

第4章　渝东南民族地区义务教育资源配置现状分析

从渝东南民族地区教育资源配置的现状着手，选取实施乡村振兴战略前后的财力、物力、人力数据，包括近三年教育资金投入情况和义务教育资金投资现状指标，对渝东南民族地区及重庆其他地区的数据进行比较分析，从而得到渝东南民族地区教育资源配置实证分析。

4.1　渝东南民族地区

4.1.1　民族地区

我国的民族很多，共计五十六个，在这之中，最大的民族就是汉族，其他五十五个民族因为人口少一些，人们将其称作少数民族。国内少数民族分布十分广阔，不同民族间因为其他因素的影响，例如朝代更迭等，使其有两个方面的特点：一是小聚居；二是大杂居。从总体来看，民族地区就是少数民族聚集在一起，在这一区域中，一些是单一民族聚集的地区，一些是很多不同民族杂居在一起。

对于民族地区来说有两个方面，从广义来看，民族地区就是按照国内宪法等要求，以原有少数民族聚集区为依托，结合民族关系等建立民族自治地方。对于民族自治地方来说，其类型有三个方面：一是自治区；二是自治州；三是自治县。截至 2020 年，国内民族自治地方共计一百五十五个，其中，有五个自治区，三十个自治州，一百二十个自治县。从狭义来看，民族地区就是少数民族自治区。在本书中，民族地区的定义就是广义层面的民族地区，也就是民族自治地区。

4.1.2　渝东南民族地区

重庆简称渝，故重庆市的东南部地区又称渝东南地区。渝东南地区地处渝鄂湘黔四省交界，境内分布着黔江区、石柱县、秀山县、酉阳县、彭水县 5 区县。以土家族、苗族为主的少数民族人口集居在上述 5 个区县并连成一片。地理区位方面，渝东南民族地区处于武陵山脉西段，境内多山地、丘陵；其中山地占 78%，丘陵占 19%，平地仅占 3%。从面积上看，它总面积约为 1.69 万平方公里，占重庆市总面积的 20.5%；人口方面，其总人口为 326.12 万，少数民族人口达 183 万，主要以土家族和苗族为主，少数民族人口占渝东南民族地区总人口的 62%，占重庆市少数民族总人口的 92.72%，也是全国为数不多的以土家族、苗族为主的少数民族聚居区。

本书选取渝东南民族地区作为考察点，主要是从以下三个方面考虑：首先，从民族文化保存的角度看，其具有一定的代表性。渝东南民族地区曾经是土家族、苗族民族风情浓郁地。即便是今天，这里的秀山花灯、酉阳土家摆手舞以及黔江高炉号子、帅式蟒号等依然保留着一定的印迹。近几十年来，随着市场经济的强势影响，以及交通、信息技术的发展，民族地区一些传统文化正受到强烈的冲击，一些优良的传统技艺、风俗正在消失。这其实也是目前大部分民族地区所面临的状况；其次，从经济发展来看，渝东南民族地区经济发展与重庆市其他地区相比较为落后，是典型的集"老少边穷"于一体的欠发达地区，是我国当前重点扶持的集中连片贫困地。积极打造有民族特色的义务教育。最后，近年来渝东南民族地区在推进义务教育资源有效配置中进行了许多特色性的探索，这些探索既有利于丰富基础教育均衡发展、民族传统文化与现代学校教育关系的认识，也可以为其他民族地区义务教育发展提供参考借鉴。

4.2 渝东南民族地区义务教育资源配置的现状

4.2.1 渝东南民族地区义务教育财务资源配置的现状

1. 渝东南民族地区教育资金支出情况

教育支出属于政府投入教育事业的经常性经费，也是教育投资中的重要组成部分。2016 年、2017 年、2018 年各地区教育总投入分别为

541497 万元、589677 万元、605288 万元，各个区具体的教育支出如表 4-1 所示。

表 4-1　2016 年—2018 年渝东南民族地区教育资金支出情况表

（单元：万元）

年份	黔江区	秀山	酉阳	彭水	石柱	重庆市	均值
2016	110195	91244	125985	140984	103089	6809942	179209
2017	115506	105986	136330	125089	106766	6263003	164816
2018	118540	115371	147351	118039	105987	5751833	151364

数据来源：《重庆统计信息网》。

渝东南民族地区教育资金支出从 2016 年至 2018 年逐年上升，但都低于重庆市的平均水平。

2. 渝东南民族地区义务教育资金投资现状

由表 4-2 可知，渝东南民族地区 2016 年、2017 年、2018 年义务教育学校数量总体减少，在校生人数逐年下降，但是图书册数、电视覆盖率和广播覆盖率逐年增加。

表 4-2　渝东南民族地区义务教育资源投资现状

年份	学校数量	图书（万册）	在校生人数	电视覆盖（%）	广播覆盖率（%）
2016	481	67.19	430876	489.35	480.73
2017	483	67.59	427910	489.57	480.94
2018	455	78.74	426790	490.13	481.82

数据来源：《重庆统计信息网》。

4.2.2 渝东南民族地区义务教育物力资源配置的现状

教育资源当中的物力资源是指学校的硬件设施设备。近年来，我国制定的政策涉及"贫困地区危房改造工程""农村中小学现代远程教育工程""全面改善农村义务薄弱学校工程"等，不断提高民族地区的硬件设施水平。

1. 设备覆盖率

通过了解图表 4-3 内容发现，2016 年至 2018 年，全市与民族地区中小学的学生平均教学设备覆盖率逐步提升，经过了解当地学校的真实状况发现，直到 2018 年渝东南民族地区的中小学生平均教学设备数值未达到全市平均水平，但是差距正在不断减小。

表 4-3 渝东南民族地区义务教育资源投资现状

年份	在校生人数	电视覆盖率（%）	广播覆盖率（%）
2016	430876	489.35	480.73
2017	427910	489.57	480.94
2018	426790	490.13	481.82

数据来源：《重庆统计信息网》。

2. 生均图书数量

通过了解表 4-4 内容发现，2016 年至 2018 年，渝东南民族地区的中小学校在生均图书数量方面逐步增长，比较靠近全市平均水平。

表 4-4　渝东南民族地区义务教育资源投资现状

年份	图书/万册	在校生人数	生均图书数量
2016	67.19	430876	1.56
2017	67.59	427910	1.58
2018	78.74	426790	1.84

数据来源：《重庆统计信息网》。

4.2.3　渝东南民族地区义务教育人力资源配置的现状

教职工数量是影响学生教学质量的关键性因素之一，建立专业性较强、专业人员数量充足的教师队伍有助于渝东南民族地区的教育资源有效配置。近年来，我国教育主管部门通过研究制定"农村义务教育阶段学校教师特设岗位计划""服务西部计划""农村学校教育硕士师资培养计划"。为了缓解民族地区教师匮乏的问题，不断提升民族地区教学质量，渝东南地区积极落实国家政策开展各项工作，在某些地区实施了民族地区教师与城市教师定期互动交流的制度，采用政府提供补贴、优先招收录取等方式吸引大量毕业生到民族地区工作，以提升民族地区教师的教学水平，增加教师数量。

1. 渝东南民族地区教职工数量

由表 4-5 可知，2016 年至 2018 年，渝东南民族地区的教育教职工数量、专职教师数量不断增长，但依然没有达到重庆市平均水平。通过观察各项数据发现，虽然全市教育人力资源未出现改变，但是渝东南民族地区的人力资源配置问题受到了重点关注，教师数量不断增长。从教师学生比来看，近三年概率有所下降且低于重庆市其他地区的师生比。教务工作者普遍反映师生比较高，达到1∶30左右，这主要是外来务工的人数增加导致的。但在渝东南民族地区的师生比就较低，常常一个老师要教几个年级的学生，且讲授三门以上的学科。

表4-5   渝东南民族地区义务教育资源投资现状

年份	在校教师数	在校生人数	教师学生比
2016	27972	430876	1∶15
2017	28319	427910	1∶15
2018	28847	426790	1∶45

数据来源：《重庆统计信息网》。

2．教师质量

专任教师学历合格率可体现出教师队伍工作能力以及知识水平状况，也能有效评价教师队伍的教学水平。在教育系统当中，学校的专任教师合格率，体现学校的教学能力，这也是非常重要的评估指标。《中华人民共和国教师法》提出，初中教师必须拥有专科学历或者高等师范专科以上学历；小学教师必须拥有中等师范学校学历或者以上学历。渝东南民族地区严格按照法规招收教师，专任教师的学历合格率明显提升，但按照重庆市各地制定的教师招收政策，渝东南民族地区教师学历合格率依然没有达到全市平均水平，渝东南民族地区的义务教育教师质量还需要进一步提升。

4.3　基于层次分析法的渝东南民族地区义务教育资源配置的评价

4.3.1　渝东南民族地区义务教育资源配置的指标体系构建

本书采用层次分析法，在选取指标的原则基础上综合考虑各位学者的指标体系选取指标，构建评价渝东南民族地区义务教育资源配置指标体系。义务教育资源配置的指标主要包括人力资源、财力资源和物力资源三个方面的指标，如表 4-6 所示。

表 4-6　渝东南民族地区义务教育资源配置的指标体系

目标层	分析维度	具体指标
渝东南民族地区义务教育资源配置评价指标体系 A	人力资源（B1）	专任教师数量（C1）
		专任教师教学质量（C2）
	物力资源（B2）	设备覆盖率（C3）
		生均图书数量（C4）
	财力资源（B3）	教育资金支出情况（C5）
		教育投资现状（C6）

（1）人力资源。选取与教学直接相关的专任教师作为人力投入，该指标主要衡量学校专任教师队伍的状况，不仅教师的数量重要，质量也同样重要。

（2）财力资源。教育经费总额反映的是该地区教育相关部门用于义务教育经费情况。

（3）物力资源。校舍占地面积、建筑面积、拥有计算机数量、拥有图片数量等固定资产总值可以反映一个地区的办学条件，办学条件越好的学校，越有利于顺利进行教学工作和提高教学质量。因此，可选取该指标衡量义务教育物力投入。

4.3.2 构造判断矩阵

判断矩阵指的是同一上层的同一阶元素间进行一一比较，根据对比结果进行相应的赋值，即 1 分到 9 分。专家给出的分数是以元素的重要性作为对比依据，给出科学客观的分数，分数值越大意味着对目标层越重要，表 4-7 中是 1 分到 9 分对应代表的意义。

表 4-7　标度含义

标度 / 分	解释说明
1	两因素同样重要
3	一因素比另一因素稍微重要
5	一因素比另一因素明显重要
7	一因素比另一因素强烈重要
9	一因素比另一因素极端重要
2、4、6、8	两因素间相值
倒数	两因素的反比较

为了保证研究的科学合理性，本研究通过层次分析法来构造判断矩阵，且参与评选打分人员都是相关领域的专家，包括教育类专业学者、从事义务教育多年的教师等，由他们组成的评价小组综合分析各要素的作用后给出分数。根据分数可以得到评价体系判断矩阵，具体情况如表 4-8 至表 4-11 所示。

表 4-8　一级指标权重

A	B1	B2	B3
B1	1	4	2
B2	1/4	1	1
B3	1/2	1	1

表 4-9　人力资源指标权重

B1	C1	C2
C1	1	1/3
C2	3	1

表 4-10　物力资源指标权重

B2	C3	C4
C3	1	2
C4	1/2	1

表 4-11　财力资源指标权重

B3	C5	C6
C5	1	2
C6	1/2	1

4.3.3　判断矩阵的一致性

一致性侧重的是在诸多要素比较过程中要符合逻辑。具体来说，如分析出甲不如乙重要，乙重要得多，丙相对于甲来说要重要一点点，在这种情况下，就可以推导出丙不如乙重要，即推导出正确的重要性关系。但在现实过程中，做到一致性较难，因此要通过一定的方法进行验证，若不在允许误差范围内则该结果可信度不高。在对权向量进行一致性检验时，首先计算最大特征根 $\lambda_{\max}=\dfrac{1}{n}\displaystyle\sum_{i=1}^{n}\dfrac{b_i}{p_i}$，$b_i$ 为判断矩阵与其权向量 w_i 乘积的第 i 项分量。再根据 $\lambda_{\max}$ 计算一致性指标，检验系数 $CR=CI/RI$，$CI=(\lambda_{\max}-n)/(n-1)$，$RI$ 为平均随机一致性指标的修正值，具体数值见表 4-12。

表 4-12　平均随机一致性指标的标准值

矩阵阶数	1	2	3	4	5	6	7	8	9
RI	0	0	0.58	0.90	1.12	1.25	1.34	1.42	1.46

若 CR 小于 0.1，就意味着符合一致性逻辑。利用 Yaahp 对建立的判断矩阵进行计算，结果 $CR<0.1$，表示符合一致性推理逻辑，则权重指标具有可取性且可信度较高。

4.3.4　计算评估指标的权重

对判断矩阵中各元素权重的计算可以采用几何平均法和规范列平

均法，本书采用几何平均法的计算方法。对于构造出的判断矩阵，首先，要计算各矩阵的每一行因素向量的乘积 $M_i=\prod_{j=1}^{n} b_i$；其次，计算各因素的权重 $P_i=p_i/\sum p_i$，其中 $p_i=\sqrt[n]{M_i}$，n 为矩阵阶数；最后，计算所有 P_i 得到判断矩阵的特征向量 w_i。

表 4-13 中各级指标的综合权重结果显示：在准则层指标中，影响较大的因素分别是专任教师教学质量、教育支出情况、专任教师数量，分别占据了总权重的 43.82%、15.45%、14.61%，应成为评价义务教育资源配置指标中首要考虑的三项影响因素。

表 4-13　一、二级指标权重与综合权重

一级指标	一级指标权重	二级指标	二级指标权重	综合权重（一级指标 × 二级指标）
人力资源（B1）	0.5842	专任教师数量（C1）	0.2500	0.1461
		专任教师教学质量（C2）	0.7500	0.4382
物力资源（B2）	0.1840	设备覆盖率（C3）	0.6667	0.1224
		生均图书数量（C4）	0.3333	0.0613
财力资源（B3）	0.2318	教育资金支出情况（C5）	0.6667	0.1545
		教育投资现状（C6）	0.3333	0.0773

4.3.5　渝东南民族地区义务教育资源配置的评价标准

义务教育资源评价标准（表 4-14）一方面可以用于被评价单位的绩效中；另一方面也可以用于监督评价单位，用该指标来衡量教育资源配置效率。我国现行教育机构还没有制定独立的资源配置评价标准，但是，在研究渝东南民族地区时，可根据整个重庆市的平均值做对比，确定相关学校的得分。

表 4-14　义务教育资源评价标准

一级指标	二级指标	考核标准	考核得分
人力资源（B1）	专任教师数量（C1）	非常合理	10
		合理	5
		不合理	0
	专任教师教学质量（C2）	非常合理	10
		合理	5
		不合理	0
物力资源（B2）	设备覆盖率（C3）	非常合理	10
		合理	5
		不合理	0
	生均图书数量（C4）	非常合理	10
		合理	5
		不合理	0
财力资源（B3）	教育资金支出情况（C5）	非常合理	10
		合理	5
		不合理	0
	教育投资现状（C6）	非常合理	10
		合理	5
		不合理	0

4.3.6　渝东南民族地区义务教育资源配置的评价分析

1．准备阶段

在调研准备阶段，主要的工作是了解被评价对象的相关基本情况，从而确定本次调研项目的计划和重点。此阶段具体将用到的方法主要有座谈法、问题分析法、心智图法、甘特图法等。在计划阶段，调研小组首先使用问题分析法对当前的渝东南民族地区义务教育资源配置可能存在的问题进行识别；其次，采用甘特图法编制具体的调研进度计划；最后，通过走访黔江、秀山所属的教育机构、学校等地，采用审阅法、座谈法、实地观察法等调研方法进行调查，确定以后的工作要把人力资源作为重点。

2．实施阶段

调研小组在未开展现场审计时，就根据实际情况制定了针对性的调查措施，提前将调研内容及分工安排妥当。在实施过程中按照预先设定的方案推进即可，该阶段主要是依据准备阶段制定的工作方案开展现场取证环节，包括审阅法、问卷法等。

在具体实施阶段，调研小组对相关学校和教育信息中心提供的各项资料进行综合分析，同时进行实地考察，对乡镇的学校进行走访，跟相关校领导还进行访谈。并对所有环节都积累的数据信息进行整合汇总，得到表 4-15。

表 4-15   渝东南民族地区义务教育的指标权重设计

二级指标	2017 年		2018 年		2019 年	
	分值	权重分值	分值	权重分值	分值	权重分值
专任教师数量（C1）	6	0.8766	7	1.0227	8	1.1688
专任教师教学质量（C2）	6	2.6292	6	2.6292	7	3.0674
设备覆盖率（C3）	8	0.9792	8	0.9792	9	1.1016
生均图书数量（C4）	8	0.4904	8	0.4904	9	0.5517
教育资金支出情况（C5）	7	1.0815	8	1.236	9	1.3905
教育投资现状（C6）	7	0.5411	8	0.6184	9	0.6957
合计分数	42	6.598	45	6.9759	51	7.9757

3. 终结阶段

终结阶段主要是对数据的整理报告以及后续跟踪，其中后续跟踪是绩效评价有别于传统的调研最大的特色。后续跟踪主要是了解被调查学校在乡村战略下的资源配置是否有改进以及改进进度，后续跟踪常用到的方法包括研讨会法、案例研究法、调查方法等。

调研人员通过对以上数据、文件资料进行整理和分析，发现渝东南民族地区各指标得分属于良好（表 4-15），每年的得分呈增长趋势，说明乡村振兴战略的开展符合教育资源配置基本目标，其中项目影响的得分相对较高，说明该区义务教育资源配置的效果较好。但关于后续审计跟踪较难，因为从提出乡村振兴战略到实施，时间并不长，针对渝东南民族地区义务教育的跟踪需要较为长的周期，这样才能有一定代表性，而短时的效果可能会由于各种不可控的因素而使指标失真。

第5章 渝东南民族地区义务教育资源配置存在的问题及原因分析

　　渝东南民族地区义务教育状况受到了社会各界的高度关注，有关部门为了帮助民族地区教育得到进一步发展制定了一系列政策法规，获取了良好成效的同时依然涉及较多问题。问题出现的原因如下：第一，渝东南民族地区社会经济发展速度较慢，对教育投入较少，无法使该地区教育得到快速发展。第二，教育资源配置未体现出合理性，需要进一步调整。某些地区由于比较重视建设示范学校和重点学校，重复性投资的现象经常出现，但是没有重视教学水平提升，这导致学校之间在教学质量方面的差距逐步加大。第三，虽然我国非常重视民族地区教育的发展问题，但是民族地区的生源较少，民族地区和城市的教育资源分配不均衡，无法满足民族地区在教学方面的实际需求。因而，在渝东南民族地区教育资源有限的状况下，要重视该地区教育资源的有效配置。

5.1 渝东南民族地区义务教育资源配置存在的问题

5.1.1 渝东南民族地区义务教育经费不足，生均教育经费偏低

教育方面投入不足是无法促进渝东南民族地区教育事业得到进一步发展的主要原因。近期渝东南民族地区在教育方面的经费逐步提高，然而投入量无法和国内经济发达地区相比，地区经费投入依然较少。

2016 年至 2018 年，全市每年学生平均教育经费有所增长，增长幅度为 5% ~ 8%。然而民族地区生均教育经费不断减少，没有达到全市平均水平，并且每年度在此方面经费都逐步减少，这是民族地区教育资源配置方面出现的主要问题之一。由于民族地区和城市之间的教育经费投入差距较大，民族地区可获取的教育资源依然较少。

5.1.2 师资结构不合理，教师队伍质量有待提高

教师是教育资源配置当中的重要因素，教师的水平会影响学校的教学水平，假如学校没有优秀的教师，即使购入先进的教学设施设备，创造了良好的环境，也无法培育出各方面能力都较强的学生。本书在评估渝东南民族地区义务教育学校教师队伍质量时选取了三个指标，

它们分别为教师数量、师生比、教师学历。

由于渝东南民族地区非常注重民族地区的发展问题，民族地区的社会经济得到了快速发展，现代服务业和教育业在人才方面的需求量不断增长，但是某些技术学科以及体育和美术等学科的师范毕业生没有选择民族地区的学校任教，大部分留在城市发展，这会造成教师队伍学科结构无法体现出均衡性。直到 2018 年，通过了解渝东南民族地区义务教育阶段教师资格证学科分类状况，发现教师数量排在第 1 名的是语文教师、排在第 2 名的是数学教师，历史教师和社会科学的教师较少（历史和社会专业是师范类当中的一个学科），排在第 3 名的是通用技术教师。通过整体观察发现，渝东南民族地区义务教育教师学科结构需要调整，某些学科教师匮乏的同时出现了部分学科教师数量过多的现象。教育教学改革工作推行以后，课程设置方面体现出了合理性，心理教育、科学、通用技术、信息技术、音乐、美术等学科的专业教师依然较少，语文和数学等专任教师的数量基本满足需求，按照义务教育课程标准，某些民族地区学校依然出现了一位教师同时教授几门学科的现象，导致无法提升民族地区学校的教学水平。

渝东南民族地区中小学师生比和全市中小学师生比基本相同，以往民族地区的教师数量较少，教学水平较差，目前此方面问题已经得到了有效解决，采用的有效措施如下：一是渝东南民族地区选用多种方式拓展民族地区的教师规模。二是民族地区学生随家长进入城市学习，学生数量逐步减少，师生比提升。民族地区中小学生教师当中，本科以上学历的教师占比没有达到全市平均水平，这代表专业能力较强的教师、大学毕业生更乐于在城市工作，选择进入民族地区工作的人员较少。出现此现象的原因在于，民族地区教师的收入、福利待遇、未来发展前景无法和城市相比，民族地区必须改变目前现状才能招收到大量专业性的教师，提升民族地区教育水平。

5.1.3 教育资源不能充分利用，存在一定浪费现象

效率是有效评价资源利用率的有效指标

$$资源利用率 = 成果 / 资源消耗$$

这代表教育资源利用率和教育成果之间体现出了正比例关系，和教育资源消耗体现出了反比例关系。如果获取教育成果的环境相同，那么在教育资源消耗较少的情况下，资源利用率将会不断提升；相反状态下，利用率将会降低。渝东南民族地区中小学教育资源利用率始终较低，主要体现在如下方面。

1. 渝东南民族地区部分中小学布局不合理，缺乏规模效益

为了确保学校教育资源得到有效利用，学校规模必须体现出合理性。如果学校规模较大，师生比较高，但教学设备较少，那么教育资源无法有效利用；如果学校规模较小，教师数量不足，教学设施设备未有效利用，教师资源同样无法有效利用。可见，只有学校规模体现出合理性，才能有效利用各项资源，提升教学资源利用率。

从表 5-1 中可知：渝东南民族地区平均每所学校 900 人，低于重庆市其他地区。通过了解发现，渝东南民族地区义务教育资源

利用效率始终较低。学校在教师资源、教学设施设备等方面未有效利用。

表 5-1　渝东南民族地区义务教育学校教育规模

年份	学校数量 / 所	在校生人数 / 人	平均人数 / 人
2016	481	430876	895
2017	483	427910	886
2018	455	426790	938

2．部分义务教育资源浪费现象严重

渝东南民族地区义务教育资源重新进行调整后，某些小学的合并会导致校舍闲置，部分教学设备遗失，教育资源未得到有效利用。2017 年，渝东南民族地区撤销合并学校数量涉及 200 多所，部分学生需进入其他学校学习，出现了某些学校教学资源无法满足实际需求的现象。第一，某些地区不重视学校的合理分布问题，重复建设现象、教育资源分布不合理现象依然存在，部分中学建立的实验室，由于经费匮乏无法购买足够的实验设备，导致实验室无法展现出真正作用，资源无法得到有效利用；第二，部分民族地区学校建立了图书馆，但是图书量较少，也没有专门的人员对图书进行管理，部分图书馆长时间不对外开放，无法满足教师和学生在借阅方面的需求；第三，某些学校未重视公共财物与体育设施的管理问题，经常出现物品丢失现象；第四，部分学校的采购制度需要调整，高价格购买残次品的现象依然存在。

5.1.4 渝东南民族地区义务教育资源配置不合理，城乡差异较大

现阶段，渝东南民族地区在义务教育资源配置层面主要存在的问题之一就是公用经费不足。义务教育事业经费涵盖两部分，分别为人员经费和公用经费。在学校运行过程中如人员经费远高于公用经费，学校的正常运行就难以维持；同时，如人员经费占比远低于公用经费，说明教师待遇不高，不利于学校建设高素质人才队伍。现阶段，渝东南民族地区公用经费在民族地区教育事业费中占比为19.22%，这说明学校在维持正常的教学活动外，其他教学活动开展得较少，所占用经费较少。另外，城乡中小学之间存在巨大差异，地区都是基于精英教育发展理念，将多数资源都投入重点学校、师范学校。20世纪中叶，受到社会资源的限制，只能集中将资源投入到师范学校，因此形成重点中学制度。但是由于社会的快速发展，这一制度存在诸多问题。20世纪90年代，国家已废除重点中学制度，明确规定不得设立重点学校、尖子班，但是实际上这种现象目前依然存在。

5.1.5 随迁子女和留守儿童教育问题突出

随着渝东南民族地区乡村振兴推进，民族地区义务教育出现了以下两方面的情况：一方面，农村义务教育生源数量逐年递减，而留守儿童数量却呈现递增趋势；另一方面，很多民族地区子女跟随父母到城

市生活，增加城市教育的压力，导致城市教育资源难以满足所有学生的受教育需求。

我国以户籍人口作为教育经费的确定标准，但是大量农民涌入城市的同时，并没有将户籍迁到城市。2018年，国家就农民工子女教育问题出台相应的政策，保障其享受义务教育的权利，但是学校教育面临更大的压力，择校热、大班额等问题日益严峻，而基于户口和居住地等因素，农民工子女与城镇学生在教育机会上存在不平等现象，在这一背景下，出现农民工子弟学校。民族地区随迁子女与城市子女的教育差异对社会的稳定发展带来负面影响。

渝东南民族地区有大量农民流入城市，其中有大量的青年劳动力，因为子女年龄、城市生活不稳定等因素导致其不能将子女带到城市生活，目前渝东南民族区域面临严峻的留守儿童（图5-1）问题，如何保障留守儿童的义务教育权利是当地乡村振兴中所必须解决的问

图5-1 留守儿童

题。民族地区留守儿童年龄较小，长期与父母分离，这种环境下会影响儿童心理发育，严重者可能导致儿童存在性格障碍。而且留守儿童难以接受家庭教育，父母也不能时刻关心孩子的学习、生活等，留守儿童会存在厌学、逃学等问题。如果不解决留守儿童存在的问题，那么对以后社会的稳定发展必然存在隐患。

5.1.6 多元主体之间缺乏有效合作

民族地区资源配置面临的现实问题，客观上需要政府、家长以及学校等主体共同研究解决。其实这也是当前的一个现实，尽管目前已经形成了以政府为主导包含政府部门、学者、社会等主体的自上而下的主体圈，以及以学校为主的包含了学校、学者、教师等主体的自下而上的主体圈。但是，无论是主体圈内部还是之间都存在着较大的错位。具体到渝东南民族地区义务教育资源配置的实践中，主要表现为单方面重视以政府为主体、自上而下地推进民族地区教育资源配置的发展，而忽视了以学校为主体、自下而上对促进义务教育资源配置的积极作用。

在促进民族地区义务教育资源配置发展的过程中，政府是义务教育资源配置发展中的投资主体，它对民族地区义务教育发展起着重要的作用。首先，它能迅速有效地解决民族地区义务教育资源配置发展面临的硬件短缺、师资不足等问题。当前许多学者十分强调政府是义务教育资源配置发展中的责任主体，这一方面表达了当前义务教育资源配置发展与政府以往的政策、措施有一定的联系，但更重要的是强调了政府的"买单者"角色，政府是义务教育资源配置发展中的投资主体。它有着强大的组织能力，并且是权力、资源的拥有者，能够迅速有效地改善民族地区义务教育资源配置发展中面临的经费不足等问题。以秀山自治县为例，仅2012年度，政府就为城区学校扩建改造，农村校舍建设以及校安工程、图书室建设，提供了充足的资金支持。政府投资约 4 亿元，解决了 80 余所学校的安全隐患，建成塑胶运动场 16 个，极大地改善了秀山自治县学校教育教学条件。其次，以政府主体的方式可以确保资源向民族地区合理倾斜，它可以全面统筹调度教育资源，使有限的资源向发展处境不利的民族地区倾斜，对整个社会的教育均衡发展起着重要的作用。

但是，政府在义务教育资源配置发展中的重要地位，以及大部分民族地区义务教育资源配置发展中面临的硬件不足与师资短缺状况，也造成了当前在义务教育资源配置发展中，过于重视以政府主体自上而下地促进民族地区教育均衡的发展，而使学校的自主发展的作用没有得到应有的重视。在义务教育资源配置发展中，往往只是单方面地重视政府主体的教育资源的投入有效性与各项指标验收，而没有注重把学校发展的具体情况纳入教育资源投入当中，根据各自学校发展面临的不同教育发展困境提供外部性援助。实际上，学校主体作为操作终端，在适应当地文化、地域性特点方面具有天然的地缘优势，是促进民族地区义务教育资源配置发展的一支重要力量，是决定民族地区教育均衡发展的内部性因素。在某种程度上讲，政府主体的外部性投入与支持只有最终落实到学校教育质量提高、学生全面发展，才能体现其价值与作用。民族地区义务教育资源配置发展需要自上而下与自下而上两种方式的有机结合。同时，联合各个主体，充分发挥每一主体的自主性，才能真正提高资源有效利用率，更好地促进民族地区义务教育资源配置发展。

5.1.7 教育质量改善的低效

民族地区义务教育资源配置发展落后的原因是多方面的，既体现在办学条件、教学设备以及师资短缺方面，更体现在教育质量的落后上。为提高民族地区教育质量，促进教育均衡发展，当前政府主体与学校主体都从各自的角度做出了一定的努力，但是效果并不明显。从政府主体看，为促进民族地区义务教育资源配置发展，政府的特色性实践为民族地区教育均衡发展确实提供了许多有利条件。例如通过统筹城乡教育发展，改善民族地区办学基本条件，提高民族地区师资水平，建立教育集团、教育片区加强学校之间的资源共享、师资交流等。同时，学校主体为了提高教育质量，也采取了各种措施，如校本教研、特色学校建设等，对民族文化的传承起到了一定的积极作用，激发了教师主体工作的积极性与有效性，促进了学校管理制度、教学方式方面的改革。但是，从实际效果看，并没有带来教育质量根本性的明显改善。所以说，民族地区义务教育资源配置发展不仅要改善教育条件，更要充分利用有利条件切实提高教育质量。

5.1.8 特色发展中的形式化与功利化

当前在民族地区教育特色发展的实践过程中，主要存在两种误区：一是认为民族地区教育特色发展就是民族歌舞等文化内容在学校课程体系的开设，以及学校建筑风格、学生着装体现民族风情等方面；二是认为民族地区教育特色发展就是用特色发展来弥补差距，具体来讲就是，民族地区由于办学条件薄弱，出现了甚至推广某些根据民族地区实际情况而采取的代替性措施的情况，如由于实验设备紧缺而采取土方法实验来达到类似效果。

实际上，这两种误区与我们如何理解特色发展有着密切的关系。特色发展可以做出两种理解：一种是发展的形式；另一种则是根据事物发展是否符合其自身特点来评判。前者是一种静态式的结果评价，它是根据事物的已然形态做出的一种动态的判断；后者的着眼点是事物在发展中是否充分地根据其现有的条件。相比较来看，前者尽管可能从形式、结果上看很有"特色"，却未必就符合其自身相关条件。其实这种例子比比皆是，如特色学校建设中，许多学校依照"特色项目—学校特色—特色学校"的路径炮制了诸如体育特色、舞蹈特色或是以绿色、文明为主题形式的特色校园。表面上看，这些也是以相关自身条件为基础的，但其实更多的是形式大于内容。有些学校是为了推动特色学校建设运动，有些学校则是以特色为噱头提高"出镜率"。以是否基于独特性的发展而不是发展的独特性来衡量特色发展，则避免上述的形式大于内容的弊端。同时，为了更好地理解特色发展，我们有必要从以下两个方面来加深理解。首先，特色发展是基于差异性的内涵式发展。差异性是事物所呈现的一种常态，在教育发展中，不同地区、学校、群体间存在差异是必然的。因而，我们需要根据不同的地域、民族以及传统等因素发展教育事业，并且最终体现出根据各自特点发展而形成的各具特色的教育。它更多的是要求一种"起点上"的尊重差异，进而在尊重差异的基础上，探求适合其地域、民族以及传统的教育发展，根本上是一种为了最大限度地发挥自身优势、自主发展的内涵式发展，而不是表现在"结果上"的差异。因而，在特色发展上，我们一方面是要尽可能地利用民族文化方面的独特优势，但是在发展过程中我们也要避免将特色发展仅仅局限在"民族特色"里。在考察中了解到，由于过于专注外在的"民族特色"形式，将有限的资金用于特色建筑或是购置民族特色服装等（图5-2），引起了部分教师与家长的不满。

图5-2　某学校因上级检查让学生穿上民族服饰上学

其次，特色发展的目的是促进教育质量的提高。衡量是否是特色发展，不能只是依靠外在的形式，停留在人无我有的层面，特色发展必须要切实地转化到教育质量的提高上。同时，特色发展也是提高教育质量的重要途径。教育质量是个综合性指标，具有多维度和多层次性。从维度上它包括学生、教师以及学校的发展质量，各个维度上又有着不同的层次性，如学生发展上，既包含学业成绩也包括身体素质、心理素质等方面。民族地区教育特色发展就是要通过充分尊重民族地区独特的地域性、文化性特点，有效地促进教育质量的提高。但是，特色发展的目的不是通过特色发展以适应民族地区硬件不足，或是其他条件不足。尽管在相关课程中利用当地的条件，就地取材制作的替代性教学工具能够有效促进教学，但是这只是暂时之举。

5.2 渝东南民族地区义务教育资源配置存在问题原因分析

5.2.1 教育发展观念的偏差

1. 教育供给方认识不足

义务教育并不具有经济效益，但被列入国民素质教育范畴。义务教育的稳定开展很大程度依赖于政府及有关部门的支持，渝东南民族地区取消小升初这一教育制度，由于小部分民族地区领导对义务教育政策的理解和认识不够，落实相应的政策时，并未对义务教育的质量给予足够的重视，没有充分认知义务教育在民族地区建设与乡村振兴推进中所起到的重要作用。

2. 教育需求方认识不够

渝东南民族地区聚集大量少数民族人口，贫困地区分布范围较广。受传统观念的影响，部分民族地区民众认为上大学后的就业就应该是"当官"，不"当官"上的大学就没有意义，基于这一观念而不重视素质教育，认为当不上官的孩子能认识常用字就可以早点辍学出去打工，早点为家里带来经济收入。部分贫困地区受到自身宗教信仰与风俗文化的影响，如甘南藏区，他们没有固定的生活区域，根据水草移动，自身的居住地区限制了孩子上学。

部分地区在推动义务教育过程中，由于观念偏差导致出现教育不公平与发展不均衡的现象，比如在教育资源分配上，以重点中学和师范学校为主，对部分发展较差或基础薄弱的学校仅给予少量教育资源，导致这部分学校难以得到发展。在教育资源的配置上没有长期规划，忽视了义务教育的长远发展。部分学校对教学设备的保护工作做得不够，导致教学设备破损严重；部分稀有实验教材长期置入仓库，没有得到有效应用。

5.2.2 不健康的"城市取向"的教育配置观念

城乡二元结构是我国目前所存在的社会结构形式，在长期发展中会形成畸形"城市取向"观念。具体指的是，国家的发展资源会尽可能地向城市倾斜，在经济、社会资源、医疗、教育等方面都以城市需求为主。

这种"城市取向"与目前所提倡的乡村振兴战略相悖，这也是限制民族地区教育资源严重紧缺的重要原因之一。第一，"城市取向"会导致民族地区在教育资源分配中处于弱势地位。民族地区和城市存在巨大的经济差异，所以在教育资源分配中会优先向城市倾斜，向城市的义务教育学校倾斜。部分地区由于义务教育资源有限，很多时候都不能满足城市发展需求，民族地区很难分配到义务教育资源。第二，"城市取向"理念导致城乡教育人力资源分配存在不平衡现象。民族地区与城市教师在权益方面存在巨大差异，很多民族地区老师薪酬低、福利少而且在教学环境差及待遇低的情况下，很难吸引到优秀的教师资源，加剧了城乡义务教育水平上的差距。第三，"城市取向"理念导致出现"马太效应"。基于乡村振兴战略的持续推进，随迁子女人数也呈递增趋势，导致出现严重的"择校热""大班额"等问题；基于教育资源过度向重点学校倾向，导致重点学校成为多数学生的择校选择，进而出现名校效应、名师效应等。基于家长、学生择校的巨大压力，导致出现了学区房、择校费等现象。同时，由于民族地区学校教育资源有限，导致其难以满足正常的教学活动需求，教学质量呈下降趋势，生源也随之减少。如果这种现状长期持续下去，会出现马太效应，城乡教育质量差距越来越大，而随迁子女的就学权益更难以保障。

5.2.3　渝东南民族地区教师流动制度不够健全

教师人事制度由多方面构成，具体包括教师激励制度、教师编制、教师聘任制度等。所以，可从这三方面展开对教师人事制度的研究。第一，基于教师激励制度方面分析。教师薪酬收入会受到教师职称的决定性影响。民族地区教师编制较少，仅有少数的评定名额，教师面临较大的职称评定压力，通常是十几个老师争取一个名额，这对民族地区教师的个人发展极为不利，同时在民族地区教育中，存在家长及教师都不重视音、体、美等专业的情况，这部分教师在评定职称时面临的压力更大。第二，基于教师编制方面分析。我国主要是以学校学生数量来确定教师编制，但是未考虑民族地区的具体发展情况，如民族地区学校分布在诸多区域，生源较为分散，如果依然延续这一制度的话会导致学校教师编制与实际需求不符。而且，部分民族地区学校采取寄宿制，教育部对寄宿制教育有明确的规定，需要生活教师、保卫人员、医师等，这都会占用学校编制，进而导致民族地区教师编制不足的情况发生。民族地区教师编制需求远超过现行标准的编制。第三，基于教师队伍建设方面分析。教育主管部门或人事主管部门制定民族地区学校招录教师标准与数量，多数情况下都是固有名额，退休一个才能重新招录一个，替补更新速度缓慢。在乡村振兴持续推进中，社会事业机构基于时代的发展而进行变革，很多机构都被精简或合并，很多冗余人员被删减，这会导致教师编制被其他机构人员所占用，也会导致教师编制不够的情况发生，这都不利于教师队伍的建设和发展。

5.2.4　政府主体对文化维度的忽视

文化多元与经济发展落后是民族地区的两个重要特征，也是民族地区义务教育资源配置发展的两个基本前提。然而，在民族地区义务教育资源配置发展中，政府主体往往只是把民族地区视为经济发展意义上的落后地区，并诉诸外部经费、资源投资、倾斜性政策的方式解决其教育发展条件的不足。而实质上，文化性因素是影响民族地区教育均衡发展的一个重要因素。正如菲利普·库姆斯所言，"教育所要完成的任务以及是否能够顺利地完成它们，常常受到周围许多力量的强大制约，这些力量有史以来便植根于当地文化"。然而长期以来民族地区教育发展的落后仅仅诉诸或是偏重于通过经济手段解决却也是一个事实。与非民族地区相比，民族地区文化多样性表现得更为突出与复杂，是影响义务教育资源配置发展推进的重要因素，对民族地区文化性因素的忽视，也必将导致对民族地区教育资源投资的低效与民族地区社会发展不和谐。

文化性因素是民族地区义务教育资源配置发展中不可忽视的维度。首先，文化性因素对民族地区义务教育资源配置发展推进的影响是客观的。其造成的影响无论是积极的还是消极的，都是民族地区教育发展的前提。忽视或者不尊重这些前提很可能导致教育结果的低效。相应地，通过充分地尊重原有的民族文化传统则有可能发挥其积极作用，有效促进教育发展。如秀山自治县通过学校传承其苗语及其文化，赢得了少数民族群众对政府的支持以及对学校教育的重视，同时也推动了学校的发展。

其次，通过教育传承、更新与创造文化，既是教育的作用也是其使命。文化多元是民族地区的一个重要特征，也是人类发展的宝贵财富。与保护生物多样性的意义一样，文化的多元对人类的发展起着重要的作用。近几十年来，随着经济社会的发展，信息、交通技术的通达使得一些少数民族传统文化传承受到影响。通过教育传承少数民族文化是少数民族文化得以传承的一个重要的途径，也是民族地区教育发展的一个重要使命。在义务教育资源配置发展推进中应抓住学校教育发展的机遇，做好民族文化的传承工作。当然，文化并不是静态的知识，而是对人的现实生活方式的反映。传承文化的用意在于促进文化的发展，而文化发展的最终指向是人的生活。正如莫兰所言，"归根到底，为文化所束缚的人，只可能靠文化来解放自己"。从这个角度出发，要尤其重视学校教育传承民族文化的作用，使少数民族文化在学校中得以继承性发展。

5.2.5 学校主体自主能力的有限性

义务教育资源配置发展应充分发挥学校在地缘上接近于当地的优势，并根据学校自身发展实际结合当地经济、社会发展的具体现实，在其自主空间范围内有效地促进民族地区义务教育资源配置发展。但是，以学校为主体地推进义务教育资源配置发展也有其局限性。

首先是学校自主空间与效力的有限性。学校主体能够一定程度上弥补以政府主体推进民族地区义务教育资源配置发展对民族地区地域性、民族性特征的忽视，但是其自身也有着局限与不足。这主要体现在两个方面：首先，学校主体自主空间的有限性。学校能够通过其自主权限内条件的调适对教育效果产生有效性影响。这是西方国家关于学校效能研究的重点，并还由此形成了 20 世纪 80 年代英美等国家的有效学校运动。但是从当前的实际情况来看，尽管我国学校自主权虽较之过去有一定的扩大，却仍然十分有限。其次是学校主体自主效力的有限性。民族地区教育发展不仅受学校内部，如师资水平、学校管理制度等影响，还与外部经济、文化等因素相关。而学校主体调控范围的有限性决定了其不能单方面地解决所有问题。

最后是教师主体面临的困境。来自学校内部的升学压力以及在学校外部各种压力最终表现为学校的自我革新，而学校自我革新的承担者就是教师主体。因而教师主体无疑是推动教育发展的核心灵魂之所在。然而，从现有的实践来看，教师主体面临着许多挑战。一是来自外部性的，如工作量以及教学成果指标。目前对中小学教师的评价仍主要集中在其教学成绩方面，加上繁重的工作量，这使得教师很难摆脱既有角色。二是源自教师自身的因素，如教师的能力问题。民族地区许多教师在试图开发适合本土的教材与相关课程当中，尽管并不缺乏动力与兴趣，但往往是心有余而力不足；甚至还有一些教师因缺乏对民族文化的甄别能力，将一些违背科学、不正确的知识引入学校教育。

5.2.6　民族地区教育评价改革的滞后

由于历史与文化背景的不同、教育起点与发展水平的不一，民族地区义务教育资源配置发展客观上需要相应的评价体系以提供支持。然而，事实上当前民族地区教育评价却常常限制着义务教育资源配置发展的有效推进。例如过于强调分数、学业成绩以及标准的单一，造成了民族地区教育特色发展形式化以及质量改善的低效性。具体来讲，民族地区教育评价改革滞后主要包括以下两个方面。

首先，评价标准的单一或是统一化。当前我国教育评价标准的主要是行政性的主体采取自上而下的制定方式，尽管一定程度上也吸纳了其他主体的意见，但是其最终标准往往是普适性的。加之人们对量化的盲目信奉，这样就使得教育评价标准成为一项亟待完成的目标任务，过于强调了它的"指挥棒"角色。而实际上教育评价不仅是引导性的，更是促进性的，表现在教育评价服务于教育发展，而不单单是引领着教育的发展。具体到民族地区而言，就是教育评价应该体现出对民族地区的适应性，尽可能地促进民族地区教育发展。在民族地区义务教育资源配置发展中，教育评价要针对不同民族、不同地区制定不同的标准，不能简单地以某种统一的标准一以贯之。不然，很容易造成教育资源分配的平均主义，使有限的资源不能充分发挥其作用。

其次，民族地区教育评价过于重视学业成绩考核。这主要表现为对升学率、及格率等指标的过分重视。实际上，教育评价过于注重学业成绩考核或是说教育评价中的分数主义、升学主义也不仅仅限于民族地区，对于它的批评也比较多。但是对民族地区而言，过于重视学业成绩考核的负面效应则更加明显。民族地区教育发展的使命不仅是让学生掌握基本的科学知识，它还有着传承民族文化的使命。民族地区一些学校在特色实践中往往只是追求形式化，也往往与其教育评价过于注重学业考核相关。在研究考察当中发现，许多学校总有特色发展会干扰"正常教学"的顾虑，导致特色实践不能深入，未能与教学效果形成良性互动。

　　民族地区义务教育资源配置需要对教育评价作出相应的变革，不然针对民族地区的改革发展只能是"戴着镣铐跳舞"，民族地区教育评价体系应体现出民族地区特点，才能有效促进与引导民族地区义务教育资源配置目标的实现。

第6章 渝东南民族地区义务教育资源配置策略研究

6.1 渝东南民族地区义务教育资源配置的目标

推进渝东南民族地区义务教育资源配置发展是一项复杂而又艰巨的任务，同时渝东南民族地区教育发展涉及民族经济、政治等多个领域的问题，具有一定的敏感性。因此，这就需要某种总的目标原则来规划、指引民族地区义务教育资源配置发展。

6.1.1 建设和谐社会是民族地区义务教育资源配置发展的根本目标

无论是从理论还是国际经验来看，任何社会的改革一般都遵循着经济改革—社会改革—政治改革的路径，20世纪80年代，我国政府将"国民经济计划"改为"经济社会发展计划"，到党的十六届四中全会正式提出建设"和谐社会"的目标。这种转变反映了中国改革开始从以经济改革为中心到以社会改革为中心。改革中心的变化其实就是改革目标的转移，从经济改革到社会改革再到政治改革实际上就是一个从生产改革到分配改革再到权力分享的过程。具体到现阶段来讲，中国的改革正处于社会改革时期，具体目标就是实现"和谐社会"，而和谐社会体现的就是分配改革的价值诉求，其关键与核心是处理好发展与稳定的关系。和谐社会包括人自身的和谐，人与人的之间的和谐，社会内部各阶层、系统之间的和谐，人与社会、自然的和谐以及整个世界的和谐多个层次的内涵，义务教育资源配置发展作为教育改革发展的一个重要目标自然承袭了这种宏观背景。

从构建和谐社会的高度来看民族地区义务教育资源配置发展，重点要消除民族地区义务教育发展与非民族地区之间的不合理差距。公平正义是和谐社会的核心价值，当前民族地区，尤其是边远农村少数民族地区教育发展极其落后，这显然违背了公平正义原则。教育公平正义是社会和谐的一个重要组成部分，也是促进社会公平正义的重要手段。

对民族地区来说，首要的就是要缩小现存的不合理差距。当然从民族地区教育发展的历史与现状看，民族地区教育发展的落后是多方面的，各个民族、地域之间以及内部面临的具体情况也不一样。因此，在缩小民族地区教育发展的差距中还要注意因地制宜。从层次阶段上讲，民族地区义务教育资源配置发展应该首先实现教育资源、办学条件等方面的均衡。在外部因素逐渐完善之后要着力提高民族地区教育质量，缩小民族地区与非民族地区的质量发展差距；其次，民族地区义务教育发展不仅仅是一个教育资源配置、学校教育发展的问题。无论是缩小民族地区办学条件还是教育质量差距，这些都只是实现民族地区和谐的先行要素，并不意味着民族地区义务教育均衡发展的使命就止于此。民族地区基础教育均衡发展并不仅仅是实现教育公平的一时之举措，它的最终目标是要实现民族地区自然、社会与人文的和谐并最终达到各个民族整个社会的和谐。从这个角度出发，民族地区义务教育资源配置发展还要统筹民族地区经济、文化发展，促进民族地区经济、文化与教育的全面和谐发展。

6.1.2 质量与特色是民族地区基础教育均衡发展的两大主题

实现民族地区义务教育资源配置发展的宏伟目标，建设和谐社会，最根本的是要实现民族地区基础教育自身的发展。义务教育资源配置发展发展是社会和谐稳定的内在要求，其本身的发展与否也是对和谐状态的一种表征。同时，教育也是促进社会和的推动力量之一。因此，民族地区教育均衡发展要在和谐社会建设要求的引领下实现自身教育目标。具体而言，就是民族地区基础教育发展要"质量"与"特色"并举。

当前学界对于教育质量的界定及其评价标准还存在着许多争议，造成这种情形的主要原因其实就是对教育质量的评定既有赖于一定的客观指标，也涉及不同主体的需要与价值取向。但是对于教育质量的重要性早已形成了共识。可以说，当今世界各国都在孜孜以求地提高教育质量，以增强在未来发展的竞争力，而教育质量更是成为评价教育改革成败的关键。当前民族地区义务教育资源配置发展的首要任务就是要提高其教育质量，实现从办学条件、硬件投入的均衡到质量的均衡，真正有效地促进民族地区人口素质的提高、满足当地的经济与社会建设需求。同时，对教育质量标准的争议并不代表就没有标准。民族地区教育质量发展在现阶段来说低于国家的基本标准，这在一些偏远地区还需努力加强，在渝东南民族地区考察期间发现，民族地区农村大部分小学生学业质量十分堪忧，在随机抽取的几所学校毕业班的测试统计表中平均及格率在 50% 上下。

特色发展是民族地区教育发展的另一个重要主题。民族地区教育发展既要保证质量，还必须要凸显特色。民族义务教育资源配置发展的总要求是和谐社会的建构，而不是一种标准化建设运动。义务教育资源配置发展针对的是悬殊的教育发展差距，而并不是对民族地区教育发展条件各个方面的具体规定。需要指出的是，民族地区特色发展需要建立在质量基础之上。没有质量的特色发展，实际上是一种失败的发展，它没有完成教育所应完成的基本任务。另外，民族地区教育特色发展不仅是个应然性的使命，也是实然性选择。当前民族地区教育发展正呈现一股"特色热"。这是一种好的趋势，但是要注意特色发展的同时还要保证"质量"。

质量与特色是民族地区教育发展的两个主题，更是民族地区基础教育均衡发展所要实现的两个目标。民族地区教育发展只有质量与特色并举、相得益彰，才能真正反映出民族地区自然人文的独特性。质量与特色是民族地区教育发展的一体两面，二者不可偏废，是民族地区教育发展的永恒追求。

6.2 渝东南民族地区义务教育物力资源配置策略

在社会发展中，渝东南地区存在明显的地区差异、城乡差异、教学资源差异、办学水平差异。学校的教学设施与教育资源上存在差异，这是因为物力资源配置不均衡所导致。针对这一现象，政府及有关部门应根据社会情况、居住环境等，对民族地区义务教育给予一定的资源倾斜，加强对贫困地区薄弱学校的扶持，从整体层面提高当地义务教育水平，提高教学质量。

6.2.1 科学统筹民族地区义务教育学校建设

1. 合理调整民族地区义务教育学校布局

渝东南民族地区义务教育学校主要是根据人口分布及民族地区管理区域来分布，这种分布方式在历史发展中对提高民族地区劳动力文化水平起到重要作用。但是随着城市化进程及乡村振兴战略的推进，民族地区义务教育学校分布特点导致其存在单个学校规模小、生源少、教育资源不足的现象，所以应对学校布局进行合理的整合与优化。渝东南民族地区义务教育布局应与人口流动情况与城乡建设规划相匹配，其中小学按照就近入学、中学按照集中入学的原则，广泛征求社会的意见，在此基础上进行优化，可选择交通环境、经济条件都较好的区域开办学校，将教学点进行整合，集中提供教育资源，从软件与硬件层面加强学校建设，偏远地区的教学点应根据当地情况选择保留或合并，要保障儿童接受义务教育的权利。

2．加强民族地区寄宿制学校扩建工作

政府及有关部门应根据学校的寄宿制特点，对学校进行合理的规划与建设，保障适龄儿童享受义务教育的权利，为他们提供适合的教育环境与生活环境，而这一制度也能提高资源的整合度与利用效率。在建立寄宿制学校时，应对学校周围的生源情况及分布结构进行调查，以此确定学校的建设规模与招生范围，同时提供配套的桌椅、实验器材、电教设备等，并建立教室、浴室、运动场、宿舍、食堂等场所，满足学生的学习与生活需求。除了硬件建设外，还需要加强学校的软件建设，提高管理服务质量，为学生寄宿提供工勤与教学服务等服务。寄宿制的教学模式同时能够很好地解决留守儿童社会问题，从生活与教育层面给予他们保障。

3．加强对民族地区薄弱学校的改造

据统计，目前依旧有不少民族地区的义务教育体系尚不完善，诸如基础设施不完善、教师数量少、资金不足以支撑办学等问题十分突出，渝东南民族地区也是如此。由于地理环境与经济发展等原因，这些地区现有的教育条件和当地的教育需求之间严重脱轨，二者之间难以维持平衡。很多孩子虽然到了入学年龄，学校却不能提供给孩子良好的教育机会。在这种情况下，对薄弱学校进行改造是改善民族地区教育条件的当务之急，使更多学校有能力、有条件可以接收学生入

学，并提供给孩子优渥的教育环境。一是从资金分配层面来讲，根据国家的扶贫政策及教育发展方针对财政下发的相关资金进行合理规划，对需要资金的地方按照轻重缓急进行划分，保证最需要改善的地方先得到财政支持，循序渐进地提高我国的民族地区教育水平，同时对民族地区以及革命老区要特殊照顾，资金分配时要有所侧重。二是从创新监管体系层面来讲，通过现代化方式对项目进行监管。现在已经是大数据时代，信息化数据化已经成为当代管理的重要方式，根据当地的实际情况可以搭建"渝东南民族地区全面改薄信息管理系统"，将需要监管的子项目逐一录入相应版块中，通过系统就能实时掌握"改薄项目"的进展，了解改造后各学校的相关情况，运用相关软件及各项数据指标分析是否达到了国家的要求，同时资金也具有可追溯性。三是政府可将项目的检测评估委托给第三方机构，由专业人士对项目进行跟进，根据项目的预期规划与实际间的差距、资源和资金分配情况以及项目质量等指标对项目作出综合性判断。

4．关注小规模学校发展

政府及有关决策部门在制定策略时要着眼于民族地区的实际，根据未来发展规划制定可行的教改方案，不能只图一时功绩而损害未来长远利益。要基于民族地区的大背景制定制度，对小规模学校发展给予重视。具体来说，从学校定位层面分析，对于那些居住在离学校远且出行不方便的孩子上学，小规模学校就是首选；从恢复方式层面分析，可以选择政府主导、社会组织参与等；就上学主体角度分析，年龄集中在6～8周岁（1～3年级），3～6周岁的孩子也要考虑在内；从教学角度分析，"小幼一体化""学区一体化"等方式在实践中取得了不俗的成绩，用在民族地区还需要根据当地的情况做一定的变化，同时混龄班复式教学以及教师流动教学在现实中也较为常见，尤其是小规模教育。从办学特色方面考虑，根据民族地区社区的实际情况，设计出带有民族地区特色且适用的教育方案。需要指出的一点是，对于弃用的校舍，要对其权属及用途进行商定，并制定相应的使用规划，保证资源利用率最大化。

6.2.2　扩大优质教育资源覆盖面

1．充分发挥优质学校的辐射带动作用

在同级别的院校中有很多学校的教育理念及方法较为先进，教学成果显著。政府及有关部门可以号召对薄弱学校进行定向帮助，同时让薄弱学校向优质学校学习，以优质学校为榜样。可以通过"老校＋新校""强校＋弱校"等手段带动弱校的发展，为民族地区教师提供更多的进修机会，可以定期组织教师去优质学校及城市学校进行培训学习，提高教学水平；促进民族地区教师和优质院校教师之间的交流，包括新理念、教学方法等方面。一方面改善学校基础环境，另一方面提升教师水平并广纳贤才，两者双管齐下。

2．大力提高民族地区义务教育信息化水平

目前，信息化应用已经成为时代的主流，乡村振兴自然也离不开信息技术的加持。对于渝东南民族地区义务教育发展，政府及有关部门

要结合各地经济实况制定不同方案，经济条件较差地区可以将信息化
应用在教育上，让学生通过多媒体等学习；对于经济中等的地区，可
以进行区域远程网络的建设，让学生获得更多的教育资源；经济条件
较好地区现代化技术应用较早且比较成熟，在这种情况下要关注的是
教育质量，可以通过网络升级等手段进一步改善信息化教育。通过信
息化建设使更多学生可以直接从网络上获取学习资源，随着信息化教
育资源公共服务平台的优化健全，无论是学生还是老师都是受益者，
可以直接通过信息化手段进行授课，变抽象为具象。使用者只要根据
提示将账户名和密码录入就能跳转到资源库。根据各地区学校的教育
情况，线上平台的教育资源也要有所差异，根据不同人群，设计出不
同侧重点、不同语言、不同课程的线上教育课程。利用资源的统分结
合助力民族地区教育事业的发展，使更多师资力量较差、教学理念及
方法落后学校的学生也能借助信息化学到更多知识，实现教育资源的
跨区域与时空的共享。

3. 加快配齐民族地区义务教育硬件设施

民族地区义务教育的基础设施亟待优化，不少民族地区的学校还没
有多媒体教室、实验室等配置，政府及有关部门要根据民族地区学校
的基础设施给予支持，在进行全面的考察及评估后对需要改善基础设
施的学校进行定向整改。根据不同学校的学生数量、师资力量等设计
不同的改善措施，一定要因校而异，不可以所有学校千篇一律地使用
同一种改善措施，因为每所学校的情况有所差异。同时，就渝东南民
族地区的情况，结合教改要求及素质教育的目标，设计出关于教育装

备标准体系，课桌、床、实验用品以及图书等一定要符合国家标准，以免对孩子造成一定的伤害，因此可采取集中采购的方案，保证整个采购流程及售后具有可追溯性，以确保孩子在使用后身体健康不受影响。另外，可以运用技术创设出以行政市为单位的义务教育学校资产与装备管理信息系统，行政市县的各项数据均可以在该系统中找到，便于掌握资产及装备数量的清单，及时补充资产及装备，同时在监督与财务管理上更方便。

6.2.3　改善学生就学条件

2001 年起，"两免一补"政策正式推行，包括渝东南民族地区在内的全国各省市贫困地区的教育情况都得到一定程度的改善，很多由于家庭困难上不起学的孩子也能与同龄人一样接受教育。需要指出的是，学生就学条件虽有改善，但一些方面仍不容乐观，需要全社会共同努力。

1．改善出行条件

在乡村振兴的大背景下，2018 年渝东南民族地区的道路建设成效十分明显，超过 95% 的村落从之前的土路变成了水泥路，但那些未铺设水泥路的村落的孩子的出行上学就是一大难题。所以，政府及有关部门要进一步针对民族地区的交通基础设施进行合理规划，争取早日实现"村村通"。要根据民族地区的情况打造公共交通体系，对学生接送车进行严格把关，保证孩子上下学交通安全。由于民族地区的人均收入较低，学生接送车的收费要符合当地标准，以经济实惠为主。另外，当地交通管理和执法部门应针对社会"黑车"出台一系列惩治管理政策，加大违法成本，使民族地区孩子上下学能乘坐放心的交通工具。如图 6-1 所示，为小学生无人行横道线过马路。

图 6-1　小学生无人行横道线过马路

2. 改善食宿条件

对于学校食堂的建设和管理，政府及有关部门要在学生食堂管理及食品标准上提高要求，从食物的源头入手进行管理，招标过程中保持公开透明，并坚持统一配送的模式；对于食品的检测，需要拥有规范全面的流程，所有的服务人员需要经过健康体检以及培训，包括厨房的工作人员以及后堂的服务人员。对于食物的管理需要细致，禁止出现过期食品，从食物的源头和服务人员方面入手保证食品卫生安全。对于学校宿舍的建设重点关注两个方面：一个是宿舍符合国家抗震标准，还有一个是宿舍整体规划满足国家防火要求。另外，宿舍的建设质量以及各种座椅设施的质量都要符合标准，所有的安保人员、宿舍管理人员等都需要持证上岗。除了完善硬件设施以外，还需要保证各项制度执行到位，根据实际需要制定宿舍人员管理制度以及职责，督促学生遵守宿舍管理规定，共同保证居住环境的安全舒适。

6.3　渝东南民族地区人力资源配置策略

对所有的主观类的活动来说，其中关键的部分都是人，教育属于主观类活动的一种，自然也包含在内，所以如果想要保证教学质量，同时提高办学水平，其中的关键在于教师。从目前的情况来看，在渝东南民族地区中，很多中小学教师任职的时间都不长，而且很多优秀的高校毕业生都不愿意进入这些地区，因此，教育资源的配置优化升级成为该地区最大的问题。针对此情况，当地的各级政府及相关部门需要从吸引人才的目的出发，制定各种人才吸引政策，一方面提升教师的福利和待遇，另一方面对目前的制度进行改革。这些属于长期战略，为了更快地改变现状，需要对于各科目教师进行培训，提升他们的业务技能，寻找一种可行的"公建民营"办学模式；同时学校的管理模式以及学校教师用人制度应更加灵活，通过以上方式来弥补传统办学模式的各种缺点。

6.3.1 加强师德师风建设，重塑教师工作使命感和荣誉感

教师被喻为人类灵魂的工程师，从这个寓意中可以看出，从过去到现在，社会对于教师这个行业一致都是非常尊敬的。然而现在受社会上"拜金主义""享乐主义"影响，社会上教师的荣誉感以及育人的使命感都没有过去强烈，很多教师越来越无法在职业中感受到成就感和幸福感。渝东南民族地区的农村不具备较好的经济条件，教师在这个地区工作无法获得较好的待遇，同时工作的强度和压力很大。另外，由于地区发展得不够好，教师的发展空间也不足；等等。因为这些原因，很多师范类学生毕业后不愿意从事教育工作，特别是不愿意到条件相对差的地区工作。

笔者认为如果想要解决这个问题，首先需要从教师的思想入手，加强对教师的思想道德教育，提升教师的职业素养，让教师更加了解教育事业对于国家未来的重要性，从中认识并增强自己职业的荣誉感以及使命感，树立一个良好的教育形象。

1. 倡导奉献精神

教师的工作和很多工作都不一样，因为其特别的性质以及主观性，对于教师工作绩效的评价不能够简单地用时间进行量化体现。所以教师工作的好坏是没有办法完全按照简单劳动来进行评价的。面

对这种情况，无论是学校还是政府都需要以增强教师的思想素质为目标，让教师意识到自己的职业对于国家未来发展的重要性，坚定"抚育桃李、复兴中华"的教学目标和思想情怀。

2．健全教师完善的人格

"为人师表"代表着老师输出的品质要和教育学生的品质保持一致，主要表现涉及很多方面，其中包括善良、坚强以及沉稳等；同时老师对于学生的教学需要无微不至，面对自己的工作要善于创新，利用各种灵活的教学模式更好地培养学生。所以，对于新时代教师的师资队伍建设需要从两方面着手：一个是对自身进行完善净化，另外一个是对教师职业终身的培训。最终从这两个方面完善教师人格。

3．加强教师党支部和党员队伍建设

学校以及当地的教育部门在每一位教师党员身上要落实全面从严治党的要求，其中第一步就是要把党的政治建设放在最重要的位置，让各个党员教师都可以发挥先锋模范的作用。选优配强教师党支部书记，注重选拔党性强、业务精、有威信、肯奉献的优秀党员教师担任教师党支部书记，实施教师党支部书记"双带头人"培育工程，定期开展教师党支部书记轮训。坚持党的组织生活各项制度，创新方式方法，增强党的组织生活活力。健全主题党日活动制度，加强党员教师日常管理监督，推进"两学一做"学习教育常态化、制度化，开展"不忘初心、牢记使命"主题教育，引导党员教师增强政治意识、大局意识、核心意识、看齐意识，自觉爱党护党为党，敬业修德，奉献社会，争做"四有"好教师的示范标杆。重视做好在优秀青年教师中发展党员工作，建立健全把骨干教师培养成党员，把党员教师培养成教学、科研、管理骨干的"双培养"机制。

4．提高思想政治素质

加强思想教育工作，要求教师深入领会习近平新时代中国特色社会主义思想，要求教师对于社会主义核心价值观进行准确清晰的把握，保证教师具备各项基本的能力，其中包括价值判断选择以及塑造等，要求在社会主义核心价值观的实践上起到带头作用。除此以外，当地的教师对于该地区的优秀历史以及良好传统也要有全面的了解，只有扎根土地才能够更好地进行民族地区教育。总的来说，对于民族地区教师的思想教育是多方面的，其中包括爱国主义精神建设，培养教师具备奉献精神和爱国主义精神，要利用各种优秀的思想政治工作方法落实教师培养工作。

5．制定教师职业道德规范

重视每一位教师的职业道德培养，无论是立身，还是立学，无论是施教还是育德都需要以德为本，在教学的过程中保持言行和身体的一致，在保证学术自由的同时保证学术规范的一致，以"四有"的教师标准严格要求自己，作为学生的引路人实现品格锤炼和知识传递。在注重教师思想政治素质培养的同时，要对于教师的义务素质以及教师的思想政治素质进行监督，构建完整的教师个人信用记录，重点处理学术不正以及有失师德的各项问题和私事。

6.3.2 推进渝东南民族地区义务教育教师人事制度改革

教师的人事制度改革直接决定了教师的福利待遇水平，同时也影响着教师未来的职业发展。从目前的情况来看，该地区各个分区之间的教师福利待遇情况有很大的差距，如正式教师和聘任教师之间的收入就完全不同。人事制度对于教师工作的积极性以及资源配置情况都有较大影响，所有的这些问题都需要从改革教师的人事制度开始。

1．创新和规范义务教育编制配备

首先需要改革的就是教育编制情况，从目前的教育发展情况进行分析，教师的需求数量处于上升阶段，所以需要利用多种新模式来提升教师总体数量，保证城市和农村教职工编制标准保持一致。其次，在进行教师岗位以及编制设置的时候需要考虑两个情况，一个是该地区的学生数量，另一个是该地区班级的数量，应该基于这两个数据分析当地生源情况并进行编制分配。但是从整体情况来看，编制以及岗位的分配情况都需要偏向于民族地区中的两类学校，一类是小规模学校，还有一类是寄宿学校，对于教职工编制的管理必须严格，防止出现挤占挪用等情况，让工勤服务以及编制配备情况可以相互配合，最终实现教育的高速发展。

2．建立和完善义务教育教师准入和招聘制度

教师资格考试是一个筛选的过程，其中实行的政策对于人才的选用具有很大的影响。该政策的制定会对教师的三个方面产生影响，一是教师教育课程的修习，二是各种教育能力的培养，三是各种教师资格获取的条件。所有的教师在准入之前必须要获得教师资格证。在政策改革过程中政府需要考虑几个方面的问题，首先要考虑各个学段内学校之间岗位的结构需求变化，其次是各项优惠政策的设置需要的偏向性，最后是秉持将优秀教师引流到民族地区的目标。在这个过程中不能够忽视教师的业务能力，同时也不能忽视教师的思想政治素质。然后结合教育行业的特点进行分析，保证招聘办法可以符合教育行业表现出来的特点，通过这项制度来筛选出优秀的人才组建优秀的师资队伍。同时，按照义务教育学校领导干部管理暂行办法，明确任职条件和资格，规范选拔任用工作。

3. 建立和完善符合义务教育教师岗位特点的考核评价指标体系

在优秀教师选拔的过程中需要注重三个方面：首先，教师需要德才兼备；其次，对教师的考核需要深入全面；最后，在选拔中主要关注教学的业绩。从这些方面来引导教师更好地教书育人，让各个岗位管理制度可以满足义务教育的特殊性，同时让职称的评定和教师的聘用之间形成良好的循环和联系。在总体比例上提升高级教师以及中级教师两个群体的岗位比例，在评定的条件中增加一项要求，即要求高级教师评定具有一年民族地区学校任教资格。在聘任教师以后还需要进行考核，其中考核指标围绕教学质量，而不应以升学率以及学生的考试成绩简单判断。要实行定期注册制度，建立完善教师退出机制，提升教师队伍整体活力。要加强义务教育校长考核评价，推行义务教育学校校长职级制改革，拓展职业发展空间，促进校长队伍专业化建设，督促提高素质能力，完善优胜劣汰机制。

6.3.3　建立合理的教师流动机制

从流动趋势上可以发现，渝东南民族地区教师流动表现出单项性特征，换句话说，就是所有的教师的流动意愿方向都表现出从村里到城镇的单一方向。这种单一方向的流动导致了各个学校之间的师资力量差距越来越大，最终导致教师人力资源分配得不平衡。所以，构建一个良好的教师流动机制对于资源分配至关重要。

1．推广实施"片区化管理"经验

渝东南民族地区进行新模式的试行，尝试采用"片区化管理"，这种管理模式将原来的学校分为几个片区，片区的规划根据地理地形特点以及学校分布来进行，片区学校之间可以进行资源共享，实现一体化发展。在每一个片区中会选择一个师资力量较强的学校作为一个中心校，同时将一个片区中的小学改为中心学校的延伸教学班，最终形成以中心学校为核心，以教学班为外延，所有学校为一体的模式，最终的考核将会捆绑进行。通过这种模式可以解决三个问题，首先是师资力量不足的问题，其次是课程开设不同问题，最后是学生流动较多问题。这个模式也成了一个县级教育均衡发展的成功案例。在管理过程中需要积极地发挥民主决策，一个片区内的师资分配以及各种经费管理等各种细节是由所有的学校共同商议决定的，通过这种方式可以

保证片区内的教育资源得到更好的分配和管理。对地方政府教育主管部门来说，主要的职责在于监督以及管理，首先需要合理地分配各种教育资源，其次需要制定对应的制度对人员流动以及学区管理进行管理，最后在各个学区中进行管理监督和决策。

2. "走读"换"走教"提高师资利用率

将原来的"走读"模式改为"走教"模式，通过这种模式的改变，让教师可以在乡镇之间的学校流动，比如在该地区中的天水市秦安县就有很多地处偏远的地区，这些地区有很多办学点，但是这些办学点之间的办学条件有很大的差距，很多地区由于条件过于艰苦无法留住优秀的师资力量，对应的教学质量也无法保证。在2016年，实行了民族地区小规模教育综合改革以后，很多偏远地区的教学点被归入规模较大的小学中，在这次改革中的整体方式为"资源共享、联合互动、集中住宿、巡回走教、深化教研、搞高质量"。这次改革一共包含了12个教学点，同时一共有60个班级实现巡回"走教"，这种模式一方面可以让教师不足的问题得到解决，另外还可以降低整体的办学成本。该地区也是全市第一个使用"教师走教"模式的地区，通过不断的探索，最终找到了一条符合民族地区办学的道路。实施这种模式以后，在城镇中建设了教师周转房，民族地区教师居住条件差的问题得到了解决。另外，这种模式也可以让教师队伍得到稳定，原来接送学生的校车开始接送教师，一方面实现了教育资源的共享，另一方面也让教育的费用得到了减少。更加关键的是，让每一个学校都具备较好的师资力量，避免出现教师资源利用率不高的情况。

3．探索建立灵活的教师管理机制

探索推行"县管校聘"改革，从老师的招聘入手构建"校聘、县管"以及市考等制度，让学校内部的用人机制变得更加的灵活，另外加强对于各个岗位的管理，让学校的激励机制变得更加完善，对教师转岗以及教师退出等机制也要进行优化，通过各项制度的落实实现教师资源的统筹调配，避免出现教师归岗以后没有资源进行补充的情况，最终解决各个专业学科教师资源不足的问题。

6.3.4　提高教师地位和待遇

我国的经济发展很快，同时面对乡村振兴建设这样的大背景，如果想要留住人才就必须要提高教师的地位，增加教师的待遇。地位不高，待遇不优，这才是民族地区教育人力资源不足问题的症结所在。

1．逐步建立农村教师的荣誉制度

各级政府需要关心重视教育和教师，认识教师对于社会未来发展的重要意义，在这种基础上增强教师的国家使命感以及责任感。例如，在法律上确定义务教育教师属于国家公职人员，对他们的义务以及权力都需要进行明确的界定。在设立教师荣誉制度的时候需要结合待遇进行明确规定，如对于在民族地区义务教育教师进行奖励、在民族地区学校任教时间达到二十年的教师提出表彰。通过这种荣誉更好地引导社会资本，更好地动员社会力量。另外，还需要建立转向资金对教师进行各项奖励，如对于长期工作在民族地区的教师进行物质支持或者是奖励。政府提出的各项奖励也要适当地向农村教师倾斜。

2．大力提升乡村教师待遇

提升乡村教师待遇需要从两个方面入手：一是制订计划保证农村教师得到支持；二是提高师资教师的工资水平，且应该和当地的公务员保持一致。另外，在政府住房保障体系中需要将农村教师包含在内，对偏远地区教师办公宿舍的建设规划需要落实到位，先保证一些偏远乡村教师的吃穿住行。要完善各项基本生活设施建设，如浴室、厕所以及食堂等。另外，在生活服务上引入市场机制，采用投标的方式构建文化中心以及生活超市，为丰富教师的文化生活和精神生活提供保障。

3．完善农村教师职业发展的保障机制

对农村教师的职称的考核以及各项程序需要进一步完善，保证农村教师在各项考核中的名额比例大于总体的人数比例。所有的评估结果要做到公平公正公开，接受社会监督。通过这种方式让民族地区学校教师岗位的结构比例保持平衡状态。所有考核的应该是以教师的德育以及育人情况为基准，要从教学方法、教学质量等多个方面进行评价。对于城市义务教育教师的高级教师职称评定，需要有农村教师任职经历作为基础。

6.3.5 建立多元有效的教师培养、培训机制

1. 加大面向民族地区义务教育阶段教师培养力度

在实施地区执行教师教育振兴计划，保持三个部分的协同配合，一个是地方政府，一个是中小学，还有一个是各类师范院校。通过多方面的协同来提高师范专业毕业生的水平，让各类师范院校得到重点关注。另外，在对各类师范类院校进行招生时需要进行优化，改变过去使用的模式，对于各种农村教师应该进行免费培养，培养的目标应该是"小学全科"以及"高中一专多能"。大力实施扶贫教育支持计划，选拔一批家庭困难、有志投身乡村教育的优秀高中毕业生到师范学院就读，利用比如定向就业以及公费培养等优惠政策吸引各类优秀的青年学生。通过这种方式让特殊岗位的教师规模以及数量得到扩大，更好地支持各个贫困地区的教育工作。

2. 加强义务教育教师培训

政府及有关部门在提供基本的公共服务体系时应该要加入农村教师培训部分。一方面优化培训机构，另一方面构建优秀的培训中心。县市区要建设教师发展中心，建立农村教师和校长专业发展支持服务体系。全面实施"国培计划"，加大"市培计划"力度，积极引进外援基金会和公益组织投入，以老少边穷地区为重点，全方位、多角度、广渠道，加强新任教师的岗前培训和优秀的教师的骨干培训工作。注重研训结合，全力推进旨在提升贫困县优秀青年教师素质、乡村教师

教育教学技能、民族地区中小学校长综合能力、教师人文素养、教师信息技术应用能力为主要内容的"三计划两工程"。

3．实施城乡互动交流培训

政府可根据各地情况，组织优秀教师定期轮岗在民族地区义务教育学校支教、培训交流，宣传先进教学经验；选派一批优秀大学生赴藏区开展双语顶岗支教；通过协议返聘退休特级教师、高级教师到乡村义务教育学校支教讲学；支教和挂职教师、校长在做好教学和教育管理工作的同时，应注重与当地教育工作者的教学互动，积极传播优秀教学经验，传授先进教育理念。同时，每年选派一批民族地区义务教育骨干教师到城镇优质学校跟班授课，学习先进的教育方式，促使城镇办学能力强的学校和民族地区办学能力较弱的学校结对帮扶。大力发展远程教育工程，探索互联网远程教育培训。通过"乡村教师走出来、名优教师走下去、网络空间联起来"的方式，充分发挥城市名优学校、名优校长、名优教师的示范引领和辐射带动作用，均衡城乡优质教师资源配置，打造务实管用的领导团队、管理团队、专家团队，建立健全"省、市、县、学区、学校"五级联动机制，不断构建和完善教师培训长效机制。

6.3.6　借鉴"特许学校"经验，探索建立"公建民营"学校

20世纪90年代前后，美国开始出现了一些特别的学校，这些学校

的经费由政府承担，经营学校的可以是家长、教师或者是一些专业的团队，这些学校被称为"特许学校"。特许学校有具体的规定以及要求，首先需要经过教育行政部门的特许，成立以前需要提交申请。学校设立以后在招生上不允许有任何限制，所有的经费会依据人数进行规划，其中具体情况需要根据经营人的安排予以确定。

2014 年 9 月，江苏省昆山市进行了教育改革，其中使用的模式就是以上介绍的特许模式。这种模式一方面可以让政府的财政压力得到缓解，另一方面，可以让学校的教学质量得到提升。实行了这种模式以后，很多外来务工的工人子女受到了良好的教育。为了能够让学校整体运营更加规范，教育部门需要制定相关的标准，对学校的各个方面进行管理，对学校的运营情况进行考评。其他部门包括工商部门以及物价管理部门等对学校要实行监督管理，"公建民营"学校的构建具有很多的优势，首先政府不需要在学校的运营上投入成本，其次对学校运营来说，不需要运营商对学校筹建进行投资。另外，在学校中老师的聘任是不会有编制要求的，所以学校运营的过程中，运营方可以根据学校具体的需要对教师的人数进行调整，同时由于没有编制中的各项要求限制，所以教师的薪资调整也可以更加灵活。这种方式提升了老师的待遇，吸引了更多的优秀师资力量，这对于民族地区的义务教育来说具有非常好的指导意义。

6.3.7 进一步加大学校自主权

推进民族地区义务教育资源配置的发展，需要政府主体提供各种保障，更重要的是还要依靠学校依据各自实际情况，充分发挥学校的自主性来提高教育教学质量。学校自主权指的是法律授予学校权限范围，它的核心是教育教学管理权。从外延上讲，它包括了人、财、物还有时间、空间等范畴。尽管较之过去，我国学校自主权已经有了很大的提高，这主要体现在校长责任制、教师聘任制等方面，但是权力依然十分有限。如在课程教学方面，当前三级管理课程中国家课程却占了90%左右，留给地方与学校的空间只有10%。

学校自主权对学校发展有着十分重要的意义。首先，它可以减少不必要的行政干扰。与学校自主权有限对应的则是政府及有关部门权力过大，如经常性地对学校各项事务进行突击检查。其次，它有利于学校自主性的发挥。将自主权做适度的下放，将课程设置、教学安排以及教学成绩评定等还给学校，更加有利于学校根据实际情况采取有针对性的措施提高教学与管理效率。最后，它有利于学生的全面发展。通过学校自主权内的课程设置、教学安排等能够依据学校、学校当地以及学生的实际提供更加丰富的教育内容与形式促进学生多方面发展。

对民族地区而言，加大学校自主权有着更为重要的意义。一是因为统一性的要求往往与民族地区的实际不是很符合；二是因为民族地区有着丰富的教育资源可以利用；三是民族地区客观上也需要更大的自主权，与非民族地区相比，民族地区不只是普遍面临着的独特校情，民族地区学校教育发展还需要传承民族文化，需要尊重少数民族地区风俗习惯，这就需要一定空间的自主权来实现这些诉求。同时依据渝东南民族地区学校的实践探索可以发现，以学校为主体、自下而上有效地推进义务教育资源配置的发展正是以学校的自主权为前提。当然在要求加大学校自主权的同时还需注意"度"的问题，对于学校的自主权要求超过合理的度的话，不仅是无益的还是有害的。在加大学校自主权的同时需要理性地看待政校关系，确立真正既有利于民族地区学校教育质量提高、民族文化传承，又有利于国家统一标准实现的新型政校关系。

6.3.8　构建民族地区教育评价体系

教育评价是教育发展中的"指挥棒"，对教育发展的各个环节都起着重要的作用。可以说，有什么样的教育评价，就会导致什么的教育结果。具体来说，教育评价对教育发展起着以下三方面的作用：首先是导向性作用。需要注意的是，教育评价的导向性作用是双向的。它既有可能使教育活动朝着正确的方向发展，也有可能将教育活动引向错误的发展道路。其次是激励作用。教育评价通过某种合理的评价方式、标准可以激发、维持被评对象的动力与积极性。当然，评价的激励作用是有条件的，它建立在"合理性"基础之上，如评价标准的高低、评价方式是否多元等。最后是诊断、调节作用。被评对象还可以根据教育评价目标，来诊断、调节自身进程以及过程中的得失，明确努力方向。教育评价对于教育发展的作用同样适用于民族地区教育发展。

推进民族地区义务教育资源配置的发展，最重要的就是教育评价的改革。将民族地区义务教育资源配置发展的评价标准侧重在生均面积、图书册书等方面，那么我们看到的可能就是差不多的民族地区学校办学条件。因而，一定要重视教育评价对民族地区义务教育资源配置的发展的作用与影响。

从当前看，民族地区义务教育资源配置评价标准存在的主要问题包括两个方面。一是过于重视量化，这既体现在对民族地区办学条件方面，如班额、建筑面积等方面，也体现在对教育质量的评价上，如及格率、辍学率等。量化标准是促进科学评价的重要手段，但是过于量化的弊病也是明显的，如数据造假，一些学校为应对检查，采取隐瞒或是其他临时方式努力使数据达标，这严重影响了学校办学形象，还容易造成教育形势良好的假象；二是评价标准同一化，不同的地区，采用同标准严重违背了各地的实际情况。这既造成了执行难，又容易形成抵触情绪。如执行标准过高，标准很可能就只是一纸空文，强行执行又容易造成基层的应付与不满。

鉴于此，民族地区义务教育资源配置应建立适合于民族地区教育发展的评价体系。首先，从总原则上讲，要彰显和谐社会总要求，加强一体，照顾多元。"多元一体"是我民族地区社会发展的一个基本特征，在对民族地区教育评价时，首先应该要达到国标，同时要考虑民族地区经济发展水平不一、文化多样等特殊情况；其次，要加强评价技术、方法的改进。教育评价的积极导向作用的发挥，既有赖于宏观层面的"多元照顾"，更需要在具体的评价标准制定时结合不同地区、不同学校实际，制定出能充分激励其发展的方向性指引准则。

6.4　渝东南民族地区义务教育资源财力配置策略研究

对渝东南民族地区义务教育资源优化配置展开分析，还体现在财力资源分配上，如何提高资源的利用率，让其更好地促进民族地区义务教育的发展至关重要。

笔者认为，应制定合理的教育资源分配机制，政府加大财政支出，只有这样才能更好地保证义务教育的发展，同时制定合理的教育经费分配与监督机制，保证教育资源被充分使用。

6.4.1　确保政府在民族地区义务教育经费投入中的主体地位

教育投资原则由两部分构成，分别为能力支付原则、利益获得原则。前者指的是通过教育事业而获得利益的人，应根据自身的能力来促进教育事业的发展，其对教育事业的投入应与其能力成正比。后者指的是在教育事业中获得教育资源的人，应根据自身获得的资源来对教育事业进行相应的投入。教育事业属于社会公益活动，是一种公共产品。根据萨缪尔森的公共产品理论，教育具有收益的非排他性和消费的非竞争性的特点，国家应该按照公共产品的供给方式提供教育事业发展所需要的物质条件。民族地区教育对民族地区事业发展、乡村振兴建设、社会稳定和谐意义重大，国家和社会是最终受益人，理应承担更多的教育投资。教育是一种非常重要的社会公共产品，根据公共产品的特点和受益原则，政府应承担绝大部分的教育投入，应严格按照国家教育逐年增长要求，在保障全市教育经费总投入增加的前提下，进一步增加民族地区义务教育经费所占比例，不断提高民族地区教育投入。渝东南民族地区在分配教育资源时，会根据地区间的发展差异，对偏远地区给予更多的政策倾斜，进而实现民族地区各地区教育资源的平衡，减少教育资源分配不平衡现象，实现整体教育事业的发展。

6.4.2　加强民族地区义务教育经费保障机制

1. 确立和完善民族地区义务教育预算管理制度

渝东南民族地区义务教育学校应根据自身的发展需求制定合理的财务预算编制。财务预算应符合学校实际的财务情况，同时保证编制的合理性与科学性。编制预算应具有全面性的特征，涵盖民族地区义务教育发展所需的各项内容，遵循专款专用原则，不得将特定预算挪作他用。民族地区义务教育阶段，应根据预算编制落实具体的预算管理工作，制定完善的预算资金支付管理制度，保证各项预算内容都能落实，同时提高财务使用的透明性，一方面可向上级政府汇报财务资金使用情况，便于监督和检查；另一方面，告知学校教职人员与家长，对学校进行监督，确保资金能得到合理应用。

2．统一城乡义务教育经费分担机制

各级政府需根据义务教育标准投入相应的资金，定期足额地为民族地区义务教育给予财政支持。可根据当年超收收入、年度转移支付增量、新增财力与财政支出结构进行合理的调配。市级政府应对其所辖范围内的民族地区义务教育县给予财力支持，加强财政转移支付，对贫困区域的家庭给予一定的补助，同时保证能顺利发放教师工资。同时，根据《中华人民共和国教育法》的规定确保教育经费依法增长。在城镇义务教育学校中就读的农民工子女，与城镇户口适龄入学儿童享受同等政策。提高市级财政资金在生均公用经费基准定额中的配比。市县两级应当结合地方财政状况，提高公用经费补助标准，建立和完善民族地区义务教育教师工资保障机制。

6.4.3　民族地区义务教育发展应构建多元融资渠道

我国教育经费主要来源于社会捐款、财政教育经费、社会团队、学杂费等。民族地区经济发展较慢，教育经费如果完全依赖于政府财政会导致政府面临更大的财政压力，所以应发展更多的教育经费渠道，引导民间资本加入民族地区义务教育中，为民族地区义务教育的发展提供财力支持。

第一，渝东南民族地区政府需优化教育支出结构，加强对民办教育的财政投入，且制定完善的政府补贴制度，在政策及资金上给予扶持，促进民办学校的发展，引导更多的民间资本投入义务教育中。为民办学校的就读生提供助学贷款，同时从目标、对象、用途等方面对民办学校给予相应的补贴；引导建立民办教育发展基金，按照国家相关规定建立完善的发展制度，举办促进民办教育事业发展的活动。

第二，引导更多的社会资源共同发展义务教育。政府可鼓励社会资金投入教育项目或开展教育活动。创始教育投融资机制，拓展教育资金的来源，通过不同渠道来获得大量办学资金。办学资金可基于市场化运作的方式来投入教育设备项目中，促进教育事业发展的同时还会获得经济效益。鼓励金融机构开发适合民办学校的金融产品，在完善风险机制的情况下为民办学校提供更多的金融服务，如 IP 抵押贷款业务、融资租赁、银行贷款等。发展多学科合作办学机制，深入开展政府与社会资本的合作，引导社会资本在教育发展中提供专业的服务，对教育基础设施进行提供与管理。加强公立学校与私立学校的合作，学校之间可以购买管理服务、科研成果及教学资源等。

第三，从税费政策方面鼓励民办教育的发展。《中华人民共和国税法》明确规定，如企业将年度利润总额 12% 以内的部分用于非营利性捐赠支出，促进教育事业的发展，其在应纳所得税时会扣除相应的税款。个人所得税也会将公益捐赠教育事业的支出扣除。在税收优惠上，非营利性私立学校应享受与公立学校相同的优惠政策，在用水、用电、用气上享受与公办学校相同的价格。

第四，土地政策应采取不同的政策。政府根据学校的需求，为其提供相应的土地，非营利性民办学校与公立学校均采取划拨方式，在土地提供方式上享有相同的政策，而营利性私立学校则按照相关规定获得政府提供的土地。政府会在土地使用权人申请改变全部或部分土地用途时回收土地，基于变更的需求提供土地，会按照实际规定价格提供土地。

第五，优化办学准入条件。政府和相关部门为社会资本进入教育事业提供便利，在保证国家安全、第三方利益、社会公共利益不被侵害的情况下，降低办学准入门槛。同时，政府及有关部门不能设置额外的条件，尽可能为教育事业的发展提供更优的环境。

6.4.4　尝试实行教育券制度

美国经济学家米尔顿·弗里德曼曾在《政府在教育中的作用》一文提出教育券这一概念。所谓教育券即教育经费的另外一种量化形式，政府将提前预算好的教育经费折算成一定数量的教育券，通过相关部门将教育券直接发放到需要入学的学生手中。学生入学后，将教育券交给学校，学校再将收到的教育券统一送往当地教育管理机构，凭借教育券的等价额度换取相应的教育经费。

教育券制度的优势体现在以下两方面：第一，我国传统教育拨款制度还存在诸多不足之处，教育券制度可弥补这些不足。第二，教育券制度考虑了学生在教育资源配置中的影响，以学生数量为标准发放对应的教育券，而学校根据教育券的数量获得对应的教育经费。这种制度既可以保证学校所获得的教育经费能够满足其正常教学活动的开展，又能避免出现教育资源配置不均衡的问题，保证每个学生获得充足的教育资源。同时需要指出的是，教育券制度又有利也有弊，弊端在于：一是当采用这种制度后，学生有了更多选择机会，学生一般都会将优质学校作为第一选择。若一直如此，薄弱学校的生源与资源越来越少，薄弱学校和优质学校之间的鸿沟也会进一步拉大，就会出现典型的马太效应。进一步来说，城乡之间的教育鸿沟更难以填平。基于民族地区中小学教育资源的不均衡性，教育主管部门应该设计些方案来缩短差距，以各地学生的平均教育经费作为衡量标准，对教育券面额进行定向设计，让学生凭教育券入学。

第7章 结 论

义务教育指的是对于全部符合年龄要求的儿童以及少年都进行学校教育，义务教育具有三个特点：一个是教育性，一个是普及性，还有一个是免费性。义务教育对于国民素质的提升来说至关重要，同时这也代表着社会公平，很多西部省份在实施义务教育的过程中存在很多问题，其中的关键问题就是民族地区义务教育质量问题，这也是政府致力的重点工作。在21世纪，我国义务教育的实施一方面让适龄儿童的就学问题得到了解决，另外一方面也面临着免费推广义务教育以后带来的教育资源不平衡问题。

本书主要研究的就是渝东南民族地区义务教育发展的相关问题，其中最大的问题在于资源的配置问题。最近这些年我国进行乡村振兴战略，在这样的发展背景下，很多农村地区的义务教育资源得到了改善。本书就是在这样的基础上收集分析数据，了解掌握这个地区教育资源的分配情况以及问题，同时针对这些问题提出解决方案。

党的十九大报告明确指出，中华民族伟大复兴的重要基础就是教育，需要加快教育现代化建设进程。经过这些年的发展，重庆市教育事业克服了诸多困难，其中包括教育资源不足以及上学难等问题，同时重庆市的教育事业也进入了全新的时代，这个阶段的关键在于保证教育事业的全面公平发展，全面提升教育质量。然而对比国家战略要求，该市的渝东南民族地区教育发展依然存在较大问题，其不足主要体现在三个方面：一是该地区的教育改革的思维以及理念落后；二是很多的教育体系还不够完善；三是教育的硬件不足。现在我国正在大力推进乡村振兴，社会主要矛盾也正发生改变（即人民日益增长的美好生活需要和不平衡不充分的发展之间的矛盾）。在这种背景下，教育的发展也有了新的要求：一是教育的全面性，二是教育的协调性，三是教育的可持续性。本书的研究说明，渝东南民族地区的义务教育主要的问题在于教育发展得不平衡，具体表现在：首先是各个城乡之间办学条件存在较大的差距，其次是各个学校之间的师资力量存在较大差别，其中最大的矛盾在于结构性短缺。另外，人们对于教育的需求也发生了较大的变化，人们对于教育的需求从原来的能上学转变为上好学，在这个过程中教育模式也发生了变化，从原来固定的教育模式转变为灵活个性。在矛盾以及各种变化中想要适应就需要做到以问题为导向，解决突出问题，从根本上分析制约教育改革发展的原因，让更多的优势资源合理地分布到更多的地区，利用更好的教育提升人民群众的幸福感。

完成这次研究以后，笔者对于目前民族地区教育情况有了更深入的了解，同时在这次研究中也更好地认识到乡村振兴过程中合理分配教育资源的重要性。同时借着这次研究机会，了解了重庆市民族地区义务教育发展的现状以及各种问题。另外，希望政府可以出台对应的政策来验证研究的可行性以及有效性。

《乡村振兴战略下渝东南民族地区义务教育资源配置策略研究》调查问卷（教师卷）

尊敬的老师：

您好，感谢您在百忙之中回答此问卷。为了解当前渝东南民族地区义务教育资源配置的基本现状，寻求渝东南民族地区义务教育资源配置发展的有效途径，特设计了此问卷。本问卷是以匿名方式填写，请您根据实际情况回答以下问题，真诚谢谢您的支持与帮助！

1．您的性别是？

A．男　　　　　　　　　　B．女

2．您的民族是？

A．壮族　　　　　　　　　B．汉族

C．瑶族　　　　　　　　　D．其他

3．您的年龄是？

A．31 岁以下　　　　　　　B．31～40 岁

C．41～50 岁　　　　　　　D．50 岁以上

4．您在此教学点任教的时间：＿＿＿＿＿＿。

5. 您来自哪里？

A. 本村　　　　　　　　　B. 附近村落

C. 本地县城　　　　　　　D. 外地

6. 您现在的住宿情况是？

A. 在学校住，住宿条件____　B. 回家住，家到学校的距离____

7. 您目前的学历是？

A. 高中及以下　　　　　　B. 专科

C. 本科及以上

8. 您目前的岗位是？

A. 公办教师　　　　　　　B. 代课教师

C. 特岗、支教教师

9. 您现在每月工资范围是多少？

A. 1000～1500 元　　　　　B. 1500～2000 元

C. 2000～2500 元　　　　　D. 2500 以上

10. 您的工资每月是否按时发放？

A. 是　　　　　　　　　　B. 否

11. 与周边其他小学老师的工资待遇相比较，您对现在的收入是否满意？

A. 很满意　　　　　　　　B. 基本满意

C. 不满意　　　　　　　　D. 非常不满意

12. 您认为您所任教的教学点的存在：

（1）是否方便了孩子就近上学？

A. 是　　　　　　　　　　B. 否

（2）是否与当地的实际相适应，有长期存在的价值与可能性？

A．是　　　　　　　　B．否

（3）是否同意该校撤并？

A．是　　　　　　　　B．否

13．您目前教学使用的语言是什么？

A．汉语　　　　　　　B．当地民族语言

C．双语

14．您认为民族特色教育对于教学点的发展重要吗？

A．非常重要　　　　　B．有一点重要

C．不重要　　　　　　D．不清楚

15．您现在教_____门课，分别是_____；每周上_____节课，备课的时间是_____小时/天，上课之外每天用于学生管理及学校其他活动的时间是_____小时/天。

16．您对于新教材的适应情况如何？

A．能适应　　　　　　B．一般　　　　　　C．不能适应

17．您认为现在的工作量如何？

A．很小，可以轻松应对

B．适当，在自己能力范围内

C．很大，无法按要求完成任务

18．您在教学中使用过多媒体或者远程教学设备吗？

A．经常用　　　　　　B．偶尔使用　　　　　C．没用过

19．您在开展教学过程中面临着哪些困难（可多选）？

A．知识储备不足　　　　B．教学设备匮乏

C. 新课改内容脱离农村学生实际　　　D. 其他

20. 每年参加培训的次数是多少？

A. 1 次　　　　　　　　　　B. 2 次

C. 3 次　　　　　　　　　　D. 4 次及以上

培训的内容主要是＿＿＿＿＿＿＿＿＿＿＿＿＿＿＿＿方面。

21. 您认为培训的效果如何？

A. 很好　　　　　　　　　　B. 好

C. 一般　　　　　　　　　　D. 不好

22. 您认为当前农村教学点教师队伍主要存在什么问题？应该怎样解决？

＿＿＿＿＿＿＿＿＿＿＿＿＿＿＿＿＿＿＿＿＿＿＿＿＿

＿＿＿＿＿＿＿＿＿＿＿＿＿＿＿＿＿＿＿＿＿＿＿＿＿

＿＿＿＿＿＿＿＿＿＿＿＿＿＿＿＿＿＿＿＿＿＿＿＿＿

＿＿＿＿＿＿＿＿＿＿＿＿＿＿＿＿＿＿＿＿＿＿＿＿＿

23. 作为少数民族地区，当地有哪些特殊的少数民族文化？你认为应该如何传承这些民族文化？

＿＿＿＿＿＿＿＿＿＿＿＿＿＿＿＿＿＿＿＿＿＿＿＿＿

＿＿＿＿＿＿＿＿＿＿＿＿＿＿＿＿＿＿＿＿＿＿＿＿＿

＿＿＿＿＿＿＿＿＿＿＿＿＿＿＿＿＿＿＿＿＿＿＿＿＿

＿＿＿＿＿＿＿＿＿＿＿＿＿＿＿＿＿＿＿＿＿＿＿＿＿

本问卷到此结束，再次感谢您的支持！衷心祝愿您及家人健康、幸福、快乐！

《乡村振兴战略下渝东南民族地区义务教育资源配置策略研究》调查问卷（管理层卷）

尊敬的学校负责人：

您好，感谢您在百忙之中回答此问卷。为了解当前渝东南民族地区义务教育资源配置的基本现状，寻求渝东南民族地区义务教育资源配置发展的有效途径，特设计了此问卷。本问卷是以匿名方式填写，请您根据实际情况回答以下问题，真诚谢谢您的支持与帮助！

1. 您目前所在的学校：

（1）名称：_____；所隶属的中心小学或村完小：_____。

（2）学校距离最近的中心小学或村完小的距离：_____（步行或者车程时间）。

（3）A. 走读学校　　　　　　B. 走读寄宿混合学校

　　　C. 完全寄宿制学校

2. 学校所处的地理位置是？

A. 山区　　　　　　　　　B. 丘陵

C. 平原　　　　　　　　　D. 其他

3. 学校目前有_____年级；班级数是_____个；班级规模是_____人。

4. 学校服务半径_____里；服务人口_____人；辐射_____村_____乡。

5. 近几年学校的生源情况如何？

A. 生源爆满　　　　　　B. 基本稳定　　　　　　C. 生源不足

6. 学校教师的基本情况如何？

	教师身份结构			教师年龄结构				教师学历结构		
总数	公办教师	特岗、支教教师	代课教师	31岁以下	31～40岁	41～50岁	50岁以上	高中及以下	专科	本科及以上

7. 学校目前开设了哪几门课程：_____；最急缺_____课程的老师。

8. 本校教育质量与周边学校相比怎么样？

A. 好一些　　　　　　B. 差不多　　　　　　C. 差一些

9. 当地教育部门和所隶属中心学校的领导平均每年到校检查有_____次，每次检查停留的时间大约是_____小时。

10. 当地政府部门对于中心小学与教学点的态度如何？

A. 两者地位平等，同样重视

B. 着力建设中心校，无暇顾及教学点

C. 重视教学点建设，采取适当补偿政策

11. 学校的经费来源有哪些？

A. 县拨　　　　　　　　B. 村筹

C. 各行各业资助　　　　D. 自收杂费　　　　　　E. 其他

12. 学校的公用经费财政拨款情况：

年		年		年		年	
学生数	款额	学生数	款额	学生数	款额	学生数	款额

13. 目前学校缺口最大的是哪一块的经费？（可多选）

A．日常办公费用   B．校舍修缮费

C．教师工资与津贴   D．物资购置费

E．教研、活动、招待费   F．其他

14. 目前教学点急缺哪些教学器材？

A．教具   B．体音美器材

C．图书   D．实验仪器

E．远程教学设备   F．其他_____

15. 学校有没有从实际出发，积极探索民族教育特色发展之路？

A．有，一直将特色发展作为学校发展的目标

B．没有，只是按教育部门的要求去做

C．没有，只是借鉴周边其他教学点的做法

如果有，学校的特色主要表现在：

A．双语教学   B．民族文化

C．民族传统活动   D．其他

16. 当地有没有开展走教、送教的支援活动？

A．有开展   B．没有开展

如果有开展，走教、送教的主要课程是

_____

开展的效果如何？

A. 效果很好，对教学点教学质量的提高有很大的帮助

B. 效果一般，对教学点教学质量的提高贡献不大

C. 形式主义，对教学点教学质量的提高没有任何帮助

17. 您认为当前教学点发展面临的最大困境是什么？（可多选）

A. 经费不足　　　　B. 师资水平低　　　　C. 办学条件差

D. 其他

18. 对于当前教学点面临的困境，您有什么好的建议？

_____

_____

《乡村振兴战略下渝东南民族地区义务教育资源配置策略研究》调查问卷（家长卷）

尊敬的家长：

您好，感谢您在百忙之中回答此问卷。为了解当前渝东南民族地区义务教育资源配置的基本现状，寻求渝东南民族地区义务教育资源配置发展的有效途径，特设计了此问卷。本问卷是以匿名方式填写，请您根据实际情况回答以下问题，真诚谢谢您的支持与帮助！

1. 您与孩子的关系是什么？

A. 父子　　　　　　　　B. 母子

C. 父女　　　　　　　　D. 母女　　　　　　　　E. 祖孙

2. 您的民族是什么？

A. 汉族　　　　　　　　B. 壮族　　　　　　　　C. 其他

3. 您家在的位置是？

A. 山区　　　　　　　　B. 丘陵

C. 平原　　　　　　　　D. 其他

4. 您的小孩目前就读的学校是哪种？

A. 镇中心小学　　　　　　B. 村小

C. 教学点   D. 其他

5. 小孩目前是住校还是走读？

A. 住校   B. 走读

如果选择A，请问＿＿＿＿＿天回家一次，＿＿＿＿＿个同学一个宿舍；

如果选择B，请问每天是＿＿＿＿上学，从家里到学校的时间是＿＿＿＿。

6. 在本地，您家的经济状况如何？

A. 很不好   B. 不太好

C. 一般   D. 比较好   E. 很好

7. 对孩子每学期的教育支出金额是多少？

A. 500 元以内   B. 500～1000 元

C. 1000～2000 元   D. 2000 元以上

8. 家庭对孩子的教育支出主要花费在哪些方面？（可多选）

A. 书本费   B. 上学交通费

C. 住宿费   D. 生活费   E. 其他

9. 家庭负担孩子教育支出的困难情况如何？

A. 有困难   B. 一般

C. 没有困难

10. 您为孩子选择学校首先考虑的因素是什么？

A. 办学质量高   B. 收费低

C. 离家近   D. 其他

11. 当地政府在撤点并校过程中是否征求过您的意见？

A. 有征求   B. 未征求

12．您对学校布局调整后大量农村教学点被撤并的态度是什么？

A．支持　　　　　　　　　　B．反对

13．您认为孩子现在所在的学校哪些方面需要改进？（可多选）

A．食堂与住宿条件　　　　　B．老师的教学水平

C．学校的教学设施　　　　　D．学校的管理

E．其他

14．当地有哪些特殊的少数民族文化？你认为这些文化应该如何通过学校进行传承？

_____

_____

_____

参 考 文 献

Arthur O, Joe R. Accountability: Curricular Applications ［M］. Scranton, 1972.

Barbara R. Dynamics of Public Sector Accountability in an Era. //Bednarz R S, Petersen J F, Bednarz S W. Geography and Education for Sustainable Development in the United States: The Need for Educational Resources ［J］. International Schulbuchforschung, 2000, 29（2）: 171–184.

Bella P, Littva J, Pukanská K, et al. Building Homes.（educational resources, National Association of Home Builders of the United States introduces Building Homes of Our Own）（BriefArticle）［J］. ActaGeologicaSlovaca, 2015, 7（2）: 93–102.

Cao B Q, Liu J X, Wen B. Currency Characteristic Extraction and Identification Research Based on PCA and BP Neural Network ［J］. 2014, JCIT,（2）: 38–44.

Castro L. Poverty and Inequality in the Distribution of Public Education Spending in South Africa ［J］. Washington DC: World Bank, 1996.

Charles B. Economics of Public Education ［M］. Houghton MifflinHarcourt（HMH）, 1978.

Cobb C. Public Policy and the Labor Market Adjustment of New

Immigrants to Australia [J] . Springer, (4) : 655-681.

David B. Account Ability in Education [M] . N. Y.: Petrocelli, 1974.

Delaney J A, Doyle W R, State Spending on Higher Education Capital Outlays [J] . Research in Higher Education, 2014, (5) : 433-466.

Diane P, Zena H R. Examination of Resource Allocation inEducation Connecting Spending to Student Performance [R] . Southwest Educational DevelopmentLaboratory, 2003.

Du J. Undesirable Factors in Integer-valued DEA: Evaluating the Operational Efficiencies of City Bus Systems Considering Safety Records[J]. Decision Support Systems, 2012, (1) : 330-335.

Fastrup J C. Fiscal Equalization and Access to Educational Resources in the New England States [J] . Journal of Education Finance, 1997, (4) : 368-393.

Gumprecht B, 2003. The American College Town [J] . Geographical Review, 2003, 93 (1) : 51-80.

Henry-Levin H M. The Economics of Educational Choice [J] . Economics of Education Review, 1991, 137-158.

Kablan M M. Decision Support for Energy Conservation Promotion: an Analytic Hierarchy Process Approach [J] . Energy Policy, 2004 (10) : 1151-1158.

Karen H M, Darling-Hammond L. Rethinking the Allocation of Teaching Resources: Some Lessons from High Performing Schools [D] . Consortium for Policy Research in Education, 1997.

Kerman A. Helping Children Left Behind: State Aid and the Pursuit of Educational Equity [J] . MitPress Books, 2005, 1 (4) : 838-839.

Kerman A. Helping Children Left Behind: State Aid and the Pursuit of Educational Equity [J]. Mit Press Books, 2005 (4): 838-839.

Alexander K. The Changing Face of Accountability: Motoring and Assessing Institutional Performance in Higher Education [J]. The Journal of Higher Education, 2000 (4): 412.

Wicksell K. A New Principle of Just Taxation [J]. Public Finance, 1985 (6): 13-16.

Lessinger L. Accountability in Education [M]. Simon and Schuster, 1972.

Lin Z H. Research on Early Warning Model for Financial Crisis of Public Companies Based on the Improved PCA [J]. JCIT, 2012 (18): 498-505.

Martin M A, Frisco M L, Nau C. Social Stratification and Adolescent Overweight in the United States: How Income and Educational Resources Matter across Families and Schools[J]. Social Science & Medicine, 2012 (4): 597-606.

Martin T. Trust, Markets, and Accountability in Higher Education: A ComparativePerspective [J]. Research & Occasional Paper Series, 1996.

Mary A R. The Policy Environments of Small Schools and Schools-Within-Schools [J]. Education Leadership , 2002 (2): 47.

Patricia A M. White -Davison. Schooling in Small. Rural Communities [D]. University of Queensland, 1999.

Peltonen T. Development of Pre-education in Small Schools-from the Primary School of the Old Times to Pre-school [D]. University of Oulu, 2002.

John H R. Small Schools, Big Future [J]. Australian Journal of

Education, 2011（55）: 5–13.

Saaty T L. The Analytic Hierarchy Process ［M］. New York. , McGraw Hill International, 1980.

Thoms J, Thoms L. Open Educational Resources in the United States: Insights from University Foreign Language Directors［J］. System, 2014（45）: 138–146.

Tomoe E, Yutaka M, Hideo T. Dual Models of Interval DEA and Its Extension Data ［J］. European Journal of Operational Research, 2012（9）: 32–45.

Yasser F H, Nora Habeb. Hybrid System of PCA, Rough Sets and Neural Networks for Dimensionality Reduction and Classification in Human Face Recognition ［J］. IJIIP, 2012（1）16–24.

Xi Z F, Zhu C J, Zhang Y X. Application of PCA Model in Prediction of Spring Flow Using SPSS ［J］. IJACT, 2012（8）: 240–247

安体富. 完善公共财政制度，逐步实现公共服务均等化 ［J］. 财经问题研究，2007（7）: 34–34.

白耀周. 试析当前思想政治教育中存在的四种教育关系 ［J］. 辽宁行政学院学报，2011（3）: 103–106.

白云丽，张林秀，罗仁福，等. 城乡教育差距与扶贫挑战 ［J］. 科技促进发展，2017（6）: 418–425.

毕晓蓓，王新宇. 合理配置教师资源促进区域基础教育均衡发展［J］. 山东行政学院学报，2008（4）: 84–86.

闭俏丽. 广西瑶族地区中中小学教育特色发展的问题及对策研究［D］. 重庆：西南大学，2013.

曹健，郭彩琴. 对教育公平和教育效率关系的理解 ［J］. 苏州大学学报（哲学社会科学版），2003（1）：119-121.

曹振纲.中国公办高等教育资源配置中的市场与政府职能［D］.西安：西北大学，2004.

陈琼华.综合评价中的赋权方法［J］.统计与决策，2004（4）：36-43.

陈荣生.供给侧改革背景下高等教育资源配置优化路径研究［J］.福建论坛（人文社会科学版），2016（11）：196-201.

陈新阳，王一涛.农村中小学布局调整现状与对策分析——基于广西L县的典型案例分析［J］.河池学院学报，2007（2）：97-100.

陈芸芬，雒占福.兰州市基础教育资源空间分布特征及布局效率研究［J］.干旱区资源与环境，2017（1）：44-50.

程斯辉，王传毅.农村中小学布局调整中需处理好的几对关系［J］.教育发展研究，2010（2）：1-4.

崔东植，邬志辉.韩国农村小规模学校合并政策评析［J］.教育发展研究，2010（10）：58-63.

崔多立.应重新评估农村"撤点并校"的实效——黑龙江省农村学校布局调整后的调查［J］.教育探索，2012（3）：86-87.

大卫·杰弗里·史密斯.全球化与后现代教育学［M］.郭洋生，译.北京：教育科学出版社，2000.

戴胜利，李霞，王远伟.高等教育资源配置能力综合评价研究——以长江沿岸九省二市为例［J］.教育发展研究，2015（9）：35-42.

丹尼斯·缪勒.公共选择［M］.上海：商务印书馆，1992.

邓露.基于VEC模型的教育投资效率研究［J］.经济评论，2008（6）：39-52.

丁小浩.中国高等院校规模效益的实证研究［M］北京：教育科学出

版社，2000.

董哲.河北省新型城镇化发展问题研究［D］.石家庄：河北师范大学，2014.

杜屏，赵汝英.美国农村小规模学校政策变化与分析［J］.教育发展研究，2010（3）：66-69.

杜一萍，陶涛.美国农村小规模学校探究与启示［J］.当代教育科学，2008（2）：47-49.

杜育红.教育发展不平衡研究［M］.北京：人民出版社，2000.

尔顿·费弗里德曼.自由选择——个人声明［M］.上海：商务印书馆，1999：25.

范铭，郝文武.对农村学校布局调整三个"目的"的反思［J］.北京大学教育评论，2011（2）：90-96.

范先佐.教育的低效率与教育产权分析［J］.华中师范大学学报（人文社会科学版），2002：14-16.

范先佐.农村学校布局调整与教育的均衡发展［J］.教育发展研究，2008（7）：55-60.

范先佐.我国农村中小学布局调整的成效、问题及对策——基于中西部地区6省区的调查与分析［J］.教育研究，2009（1）：31-38.

范先佐.义务教育均衡发展与农村教育难点问题的破解［J］.华中师范大学学报，2013（2）：148-157.

范先佐.城镇化背景下县域义务教育发展问题与策略——基于4个省（自治区）部分县市的调研［J］.华中师范大学学报（人文社会科学版），2014（4）：139-146.

范先佐，曾新.农村中小学布局调整必须慎重处理的若干问题［J］.河北师范大学学报，2008（1）：7-12.

范先佐，郭清扬，赵丹．义务教育均衡发展与农村教学点的建设［J］．教育研究，2011（9）：34-40.

方铭琳．保障农村义务教育均衡发展的资源配置研究［J］．当代教育论坛，2007：9-11.

冯翠云．学校布局调整背景下乡村文化传承的困境分析［J］．清华大学教育研究，2012（4）：96-99.

冯大鸣．美、英、澳教育管理前沿图景［M］．北京：教育科学出版社，2004.

冯建军．教育公正与政府责任［J］．教育发展研究，2008（9）：30-34.

付卫东，董世华．当前美国支持小规模学校的重要举措及对我国的启示［J］．外国中小学教育，2011（7）：40-43.

甘永涛．美国民族教育：从"自由选择计划"到"学校一体化"［J］．外国中小学教育，2010（8）：18-23.

高宁，李景平，张记国．基于相关性和DEA的西部地区教育资源投入配置的评价与优化研究——以甘肃省为例［J］．教育科学，2015（1）：10-17.

高山丹．农村教学点教师队伍建设研究——基于内蒙古通辽市奈曼旗农村教师队伍现状调查［D］．武汉：华中师范大学，2012.

高文兵，郝书辰．中国高等教育资源分布与协调发展研究［M］．北京：高等教育出版社，2008.

谷冠鹏，孔旭红，王玉成．基于研究过程的统计学教学模式［J］．旅游学刊（人力资源与教育教学特刊），2006（1）：63-66.

顾明远．民族文化传统与教育现代戏化［M］．北京：北京师范大学，1998.

郭彩琴，曹健.教育公平：配置教育资源的合理性原则[J].江苏高教，2003：23-26.

郭建如.国家—社会视角下的农村基础教育发展：教育政治学分析[J].北京大学教育评论，2005（3）：70-79.

郭清扬，王远伟.我国农村中小学布局调整的总体评价[J].河北师范大学学报，2008（3）：71-77.

郭清扬，赵丹.义务教育新机制下农村教学点的问题及对策[J].华中师范大学学报，2009（11）：115-121.

郭清扬，赵丹，范先佐.中小学布局调整与教学点建设研究[M].北京：人民教育出版社，2011.

国家统计局农村社会经济调查司.2010年中国农村贫困监测报告[M].北京：中国统计出版社，2011.

韩春花，孙启林.韩国农村小规模学校合并政策实施效果及对策研究[J].外国教育研究，2010（11）：10-15.

何建军.当前农村中小学教师队伍建设存在的问题与解决对策[J].教育探索，2008：95-96.

赵丹，吴宏超，Bruno Parolin.农村学校撤并对学生上学距离的影响——基于GIS和Ordinal Logit模型的分析[J].教育学报，2012（6）：62-73.

贺武，刘平.新型城镇化建设发展问题研究——以绍兴为例[J].中外企业家，2015：237-238.

侯佛钢.探索农村中小学布局调整对山区农村低年级教学点的影响[J].现代中小学教育，2012（4）：6-9.

胡来宝.农村山区村小教学点教育的现状及出路[J].教师发展论坛，2011（11）：11-13.

黄宸，李玲．区域中职教育资源配置效率的时空分异研究——以西部A省为例［J］．教育发展研究，2015（21）：52-56.

黄家泉，邵国良，吴开俊，等．教育区域化发展研究［M］．太原：山西人民出版社，2002.

黄建雄，林美冠．对民族地区教学点生存状态和发展路径的几点思考［J］．基础教育研究，2007（6）：3-5.

黄琼雅．浅析甘南民族教育存在的问题及发展对策［J］．甘肃高师学报，2010（15）：34-36.

霍翠芳．农村义务教育学校布局调整政策的地方性理解与实践［J］．教育学报，2013（4）：38-46.

霍雨慧．城乡教育一体化：基于教育公平视角的分析［J］．济宁学院学报，2013：62-65.

吉芸．让"撤点并校"少走弯路——中美农村学校合并的比较及其启示［J］．教育探索，2010，（8）：146-148.

贾宏勇，周芬芬．农村中小学布局调整模式的分析和探析［J］．河北师范大学学报，2008（1）：13-18.

贾建国．美国农村小规模学校运动及其对我国的启示［J］．外国教育研究，2010（4）：74-78.

贾婷月．公共基础教育配置效率：资源优化还是资源浪费［J］．上海财经大学学报，2017（1）：49-60.

贾勇宏．农村中小学布局调整何以引发冲突——基于广西Y县Z镇的一起个案分析［J］．江西教育研究，2007（12）：95-96.

贾勇宏．教育政策执行中的村民与地方政府利益博弈——以中西部6省区农村中小学布局调整为例［J］．教育科学，2008（2）：29-33.

蒋太红．中国农村中职教育资源配置效率研究［D］长沙：湖南农业大学，2011．

焦中明，陈富，徐冠春．对城镇新区教育园区建设背景下农村教学点生存与发展的思考［J］．赣州师范学院学报，2013（6）：1-5．

科恩．教育经济学［M］上海：上海人民出版社，2009．

赖举文．我国教育公平现存问题及对策研究［D］．武汉：华中师范大学，2009．

蓝健，章鹏远．国际复式教学的现状与趋势［J］．天津市教科院学报，2004（2）：67-72．

乐小萍．我国学前教育服务供给多元化特征研究［D］．南京：南京师范大学，2012．

雷万鹏．义务教育学校布局：影响因素与政策选择［J］．华中师范大学学报，2010（5）：155-160．

雷万鹏．家庭教育需求的差异化与学校布局调整政策转型［J］．华中师范大学学报，2012（11）：147-152．

雷万鹏，张婧梅．学校布局调整应回归教育本位［J］．教育研究与实验，2010（3）：6-10．

雷万鹏，张婧梅．构建公正的学校撤并程序——对民众参与度和满意度的实证调查［J］．全球教育展望，2011（7）：67-73．

雷晓云．政府的责任及其实现：关于义务教育阶段教育资源合理配置的探讨［J］．教育研究与实验，2013（1）：54-58．

黎亮．基于AHP的区域IT卖场竞争力评价体系研究［J］．现代经济，2011（1）：32-35．

李秉德．教学论［M］．北京：人民教育出版社，1991．

李丹．农村中小学布局调整负面效应的消解途径［J］．重庆教育学院学报，2012（5）：8-11．

李克军，陈君.河北省城乡义务教育资源优化配置长效机制研究［J］.河北学刊，2011（5）：206-209.

李乐夫，文雯.高等教育大众化过程中我国财政性教育经费投资的结构分析［J］.清华大学教育研究，2006（5）：35-41.

李立宏.教师要充分发挥幼儿的主观能动性［J］.幼儿教育，1992（1）：5-5.

李玲，宋乃庆等.城乡教育一体化：理论、指标与测算［J］.教育研究，2012（2）：7-7.

李盼强，曾尔琴，杨国辉.公平与效率的博弈——关于中部地区农村中小学撤点并校的调查与反思［J］.湖南人文科技学院学报，2012（4）：103-108.

李荣.义务教育全免费——我国教育发展的必由之路［J］.当代教育论坛，2007.

李祥云.农村中小学布局调整与"两免一补"政策实施情况分析——基于农户问卷调查的结果［J］.教育发展研究，2008（21）：57-61.

李宜江.义务教育均衡发展的法律保障研究［M］.芜湖：安徽师范大学出版社，2013.

李玉.调整农村小学布局要允许复式教学的存在［J］.陕西教育学院学报，2008（6）：21-24.

李媛媛.大学生学习成绩影响因素的实证分析［D］.安阳：安阳工学院，2013（3）：14-17.

林丹.布局调整，渐行渐远——兼论农村中小学布局调整过程中地方政府的改革智慧［J］.湖南师范大学教育科学学报，2010（6）：12-17.

刘国斌，许义娇.城乡统筹视角下吉林省县域经济发展的思考［J］东北亚论坛，2012（1）：113-121.

刘昊昕. 河北省高校教育资源配置效率研究［D］. 沈阳：东北大学，2009.

刘金辉，胡俊生，范莉. 城镇化背景下农村中小学布局调整的 SWOT 分析［J］. 宁夏师范学院学报，2010（5）：156-161.

刘锦薇. 基于灰色关联度的货币国际化关键影响因素研究［D］. 北京：北京理工大学，2015.

刘娟娟，王林清. 我国教育公平的现状及实现教育公平的对策研究［J］. 太原：教育理论与实践，2008（7）：11-13.

刘媚，吕新. 采用因子分析法综合评价义务教育的发展［J］. 宁夏师范学院学报（自然科学），2007（3）：99-102.

刘倩，吴玲，郭孝文. 正确应对农村中小学布局调整中产生的问题［J］. 教学与管理，2010（8）：9-11.

刘善槐，史宁中. 农村小规模学校学生学业成绩问题研究［J］. 中国教育学刊，2011（4）：17-20.

刘升勤. 新型城镇化发展的资源统筹与配置机制研究［D］. 青岛：中国海洋大学，2014.

刘思峰，谢乃明. 灰色系统理论及其应用［M］. 北京：科学出版社，2013.

刘香云. 基于灰色关联度的道路交通事故组合预测方法研究［D］. 北京：北京交通大学，2015.

刘新成，苏尚锋. 义务教育均衡发展的三重意蕴及其超越性［J］. 教育研究，2010（5）：28-33.

罗明东. 潘玉君. 区域教育发展及其差距实证研究［M］. 北京：北京大学出版社，2007：5-7.

罗淑容. 民族教育特征分析［J］. 新疆社科论坛，2003（5）：7-10.

罗思.民族地区农村中小学布局结构调整问题研究——以广西为例[D].南宁：广西大学，2013.

吕光国.中西部农村中小学布局调整及教学点师资调查[J].教育与经济，2008（3）：19-22.

马佳宏，卢梅春，李良.新一轮农村中小学布局调整的成效与问题分析—基于广西的调查与思考[J].广西师范大学学报，2011（2）：89-93.

马庆霞.新形势下河南省农村教育资源优化配置的策略[J].宁波教育学院学报，2014：98.

毛兴贵.公平原则与政治义务：从哈特到罗尔斯[J].哲学动态，2010（10）：86-93.

米红，张文璋.实用现代统计分析方法与SPSS应用[J].北京：当代中国出版社，2000（10）：23-35.

庞丽娟，韩小雨.农村中小学布局调整的问题、原因及对策[J].教育学报，2005（4）：178-187.

庞丽娟，夏靖，沙莉.立法促进高素质幼儿教师队伍建设：台湾地区的经验及其启示[J].教师教育研究，2009：49-53.

彭万斌.贫困地区城乡基础教育不均衡发展问题探讨———以纳雍县为例[J].贵州师范大学，2008（7）：33-35.

彭玉石.基于主成分分析的建设工程项目延期影响因素研究[D].重庆：重庆大学，2014.

祁怀好.民族地区村级教学点办学之现状与对策[J].当代教育论坛，2010（10）：94-95.

秦玉友.农村小规模学校教育质量困境与破解思路[J].中国教育学刊，2010（3）：1-4.

瞿博.教育均衡论［M］.北京：人民教育出版社，2007.

冉芸芳，王一涛.教学点：何去何从——关于农村学校布局调整的一项质的研究［J］.当代教育科学，2007（9）.

任保奎，关冠军.北京与部分省市高等教育投入产出效率比较研究［J］.北京工业大学（社会科学版），2008（1）：77-80.

任友群，郑旭东，冯仰存，金凯.新时代教育信息化的供给侧改革——市县级需求与问题的分析视角［J］.电化教育研究，2018（1）：12-19.

邵争艳.中国区域高等教育资源优化配置评价与对策研究［D］.哈尔滨：哈尔滨工程大学，2006.

宋家钢.教育需求拉动障碍的思考［J］.广西教育，2000（9）：12-13.

宋琳结.中小学布局调整背景下的农村教学点问题研究——以河南省西部 X 市为例［D］.郑州：河南师范大学，2013.

宋乃庆，杨欣，李玲.以教育信息化保障城乡教育一体化［J］.电化教育研究，2013（2）：32-35.

孙百才，常宝宁.西部农村义务教育实施"两免一补"的政策效应分析［J］.教育与经济，2008.

孙百才，张善鑫.我国发展少数民族教育的重大举措与主要经验［J］.西北师大学报（社科版），2009（1）：79-85.

孙冬梅，孙芯林，彭文涛.西部农村小学复式教学的调查研究［J］.上海教育科研，2008（9）：53-54.

孙刚成，温保.教育公平视角下的农村教育资源配置策略［J］.延安大学学报（社会科学版），2014（2）：113-116.

赵丹，曾新."新机制"后农村教学点的经费困境与出路——基于湖北省 Y 县 C 教学点的个案分析［J］.上海教育科研，2009（7）：21-23.

孙玉妮.基本公共服务均等化问题研究综述［J］.辽宁行政学院学报，2010（12）：16-18.

唐松林.中国农村教师发展研究［M］.浙江：浙江大学出版社，2005.

陶蕾，杨欣.我国中等职业教育资源配置效率评价及分析——基于DEA-Malmquist指数模型门教育科学，2015（4）：26-31.

陶青，卢俊勇.农村小班化教学：促进城乡教育均衡发展的有效途径——"撤点并校"十年后的调查［J］.教育理论与实践，2011（10）：24-26.

田宝宏.农村教学点的形成、现状与危机［J］.中国教育学刊，2009（6）：12-15.

田芬.基础教育均衡发展研究［D］.苏州：苏州大学，2004.

佟元之.农村中小学教育技术资源优化配置与优效利用的实践研究［J］.中国教育技术装备，2009（2）：102-105.

万明钢.以促进教育公平和教育均衡发展的名义——我国农村"撤点并校"带来的隐忧［J］.教育科学研究，2009（10）：19-20.

万鹏，张雪艳.论农村小规模学校的分类发展政策［J］.教育研究与实验，2011（6）：7-11.

汪长江.高等教育投入产出效率基于经济学的分析与思考［J］.浙江海洋学院学报，2007（2）：112-134.

王冬妮，陈鹏.西部农村"两免一补"政策实施中的问题及对策［J］.社科纵横，2006.

王根顺，饶慧.中国西部地区基础教育可持续发展战略研究［M］.北京：民族出版社，2012.

王国荣.创办平民教育构建和谐社会［J］.爱满天下，2007：35-35.

王海英. 农村学校布局调整的方向选择——兼谈农村学校"撤存"之争 [J]. 东北师大学报，2007（9）：22-24.

王华，魏凤. 公平视角下农村教育资源配置的路径选择 [J]. 湖北社会科学，2011（1）：176-179.

王嘉毅，吕国光. 西北少数民族基础教育发展现状与对策研究 [M]. 北京：民族出版社，2006.

王嘉毅，孙百才. 西部农村对"两免一补"的了解程度与实施效果研究——兼论我国教育改革与教育政策的宣传与普及 [J]. 当代教育与文化，2010（2）：74-79.

王建梁，帅晓静. 威尔士农村小规模学校布局调整的创新及启示 [J]. 外国中小学教育，2012（11）：24-28.

王晋. 美、日教育均衡政策对我国的启示 [J]. 内蒙古师范大学学报（教育科学版），2007（4）：40-42.

王靖. 农村义务教育教师资源配置制度研究 [J]. 当代教育论坛，2009（9）：84-86.

王孔敬. 国外义务教育均衡政策及其对重庆民族地区义务教育均衡发展的启示. 贵州民族研究，2010（2）：136-142.

王玲玲. 教育公平与教育效率——侧重于经济学角度的探讨 [J]. 武汉冶金管理干部学院学报，2001：55-60.

王璐，孙明. 英国教育均衡发展政策理念探析 [J]. 比较教育研究，2009（3）：7-11.

王善迈. 教育经济改革与教育发展教育资源配置研究 [M]. 北京：北京师范大学出版社，2014：76-110.

王善迈，董俊燕，赵佳音. 义务教育县域内校际均衡发展评价指标体系 [J]. 教育研究，2013：65-69.

王莹，黄亚武．农村中小学布局调整中教学点问题研究——基于河南、湖北的调查分析［J］．当代教育科学，2007（3）：69-71．

王颖，杨润勇．新一轮农村中小学布局调整后的负面效应：调查反思与对策分析［J］．教育理论与实践，2008（12）：28-31．

王玉国．乡村教育的现实困境与未来之路［J］．教育发展研究，2009（17）：49-51．

温涛，王小华．政府教育资源配置的效率评价和改进路径一以重庆市为例［J］．西南大学学报，2013（2）：48-56．

邬娜．呼包鄂地区区域发展评价体系研究［D］．呼和浩特：内蒙古农业大学，2012．

邬云开．促进民族地区教育均衡发展，构建和谐学校的对策研究［J］．黔江教育科研，2006（4）：22-23．

吴德刚．西部农村基础教育行动研究［M］．北京：人民教育出版社，2010．

吴宏超．农村教学点的未来走向：国外的经验与启示［J］．外国教育研究，2008（6）：74-78．

吴丽萍，陈时见．英国农村小规模学校合作发展的有益经验［J］．外国中小学教育，2012（10）：5-9．

吴玲，刘玉安．我国基础教育资源配置问题研究［J］．中国行政管理，2012（2）：64-67

吴维煊．从夯实国家人力资源基础的高度拯救农村教育生态［J］．现代教育论丛，2010（7）：48-51．

吴文侃，杨汉清．比较教育学［M］．北京：人民教育出版社，1999．

夏雪．农村中小学布局调整中的机会主义——一个新制度经济学视角［J］．教育科学，2009（3）：10-13．

向丽．义务教育阶段教育资源配置制度与教育机会均等——以武汉市东西湖区中小学为个案的研究［D］．北京：中央民族大学，2004．

向志强．人力资本与中国教育资源配置模式的选择［M］．长沙：湖南文艺出版社，2008．

肖陆军．民族区域自治制度与特别行政区制度之比较探析［J］．哈尔滨学院学报，2003（11）：44-48．

谢秀英．农村中小学布局调整中的集体非理性分析［J］．中国教育学刊，2011（4）．

熊珊．我国城市化进程中的产业集聚研究［D］．成都：四川大学，2006．

熊向明．对当前农村中小学布局调整的反思—河南中原地区农村中小学布局调整调查分析［J］．教育与经济，2007（2）：50-53．

徐冠春．伦理学视角下的贫困地区农村教学点问题调查研究——以赣州市为例［D］．南昌：江西师范大学，2012．

徐冠春，焦中明．部分贫困山区农村教学点的写实性研究——以江西赣南地区某县农村教学点为例［J］．赣南师范学院学报，2012（4）：89-91．

徐文．义务教育资源配置的产权分析［J］．教育与经济，2003：39-44．

徐文．教育产权论［M］．武汉：湖北人民出版社，2007．

许丽英．教育资源配置理论研究—缩小教育差距的政策转向［D］．长春：东北师范大学，2007．

许云霄．公共选择理论［M］．北京：北京大学出版社，2006．

亚当·斯密．国民财富的性质和原因的研究（下卷）［M］．上海：商务印书馆，1996：284-341．

杨斌，温涛．中国各地区农村义务教育资源配置效率评价［J］．农业经济问题，2009（1）：29-37.

杨东平．中国教育公平的理想与现实［M］.北京：北京大学出版社，2006.

杨军．促进基础教育均衡发展［J］.外国教育研究，2004（11）：10-14.

杨军．西北少数民族地区基础教育均衡发展研究［M］.北京：民族出版社，2006.

杨明．属地化管理体制下进城务工人员随迁子女义务教育公共资源配置探析［J］.浙江大学学报（人文社会科学版），2015（6）：153-163.

杨倩茹，胡志强．基于 DEA 模型的我国农村义务教育资源配置效率研究［J］.现代教育管理，2016（1）：15-21.

杨润勇．中部农村地区农村教学点：谁来管，谁在教？——以江西赣南地区某县为例［J］.中小学管理，2009（9）：15-18.

杨润勇．农村"教学点"相关教育政策分析［J］.当代教育科学，2010（3）：12-16.

杨天平．我国农村中小学布局调整的原因、进程、问题及对策［J］.教育理论与实践，2013（16）：17-22.

杨寅．《公共行政与社区发展》［M］.杭州：浙江人民出版社，2005.

叶敬忠，孟祥丹．对农村教育的反思——基于农村中小学布局调整影响的分析［J］.农村经济，2010（10）：3-6.

叶玉华．教育均衡化的国际比较与政策研究［J］.教育研究，2003（11）：34-38.

于发友．县域义务教育均衡发展研究［D］.济南：山东师范大学，2005.

于海英，秦玉友．城乡教育一体化视域下农村小规模学校问题研究［J］．现代教育管理，2012（3）：66-69．

于影丽．社会转型期乡村教育与乡村社会隔离问题研究［J］．当代教育科学，2009（15）：3-6．

于影丽，毛菊．乡村教育与乡村文化研究：回顾与反思［J］．教育理论与实践，2011（8）：12-15．

袁桂林．西部农村基础教育行动研究［M］．北京：人民教育出版社，2011．

袁杰．农村撤并学校出现的问题及其治理［J］．海南师范大学学报，2011（1）：98-102．

袁明旭，田景春．西部大开发中的少数民族地区教育政策的环境分析——以云南少数民族地区为例［J］．内蒙古师范大学学报，2008（7）：45-49．

袁振国．中国教育改革评论［M］．北京：教育科学出版社，2004．

袁振国．缩小差距：中国教育政策的重大命题［M］．北京：人民教育出版社，2005：76-97．

岳建军．高等教育资源共享问题研究［D］．沈阳：辽宁师范大学，2012：89-97．

岳晶晶．我国义务教育资源配置效率—基于DEA方法的实证研究［D］．西安：西北大学，2011．

张传萍．义务教育资源配置标准研究［D］．武汉：华中科技大学，2012：5-11．

张传萍．从追求效率到追求公平：我国义务教育资源配置政策的变化［J］．教育科学研究，2013（7）：26-30．

张翠风．新型城镇化视域下农村教育资源配置面临的挑战与策略——

以青岛市为例 [J] . 教育探索，2015（7）：28-31.

张洪，程振东 . 基于数据包络分析的中国星级酒店效率评价及区域差异分析 [J] . 资源开发与市场，2014（10）：1207-1212.

张进清，张宏宇 . 边境民族地区县域教育发展规划研究——以广西边境民族地区 C 县为例 [J] . 民族教育研究，2017（6）：12-19.

张坤 . 德国义务教育发展特色及启示 [J] . 现代教育科学，2008（3）：34-36.

张世兵 . 对农村公共产品供给的思考 [J] . 经济纵横，2008.

张素蓉 . 论复式教学在基础教育规模布局调整中的作用 [J] . 教育学报，2005（2）：46-50.

张涛 . 基于层次分析法的物流中心的选址研究武汉 [D] . 武汉：武汉科技大学，2010.

张学敏 . 教育经济学 [M] . 重庆：西南师范大学出版社，2004.

张雪艳 . 农村小规模学校发展政策研究 [D] . 武汉：华中师范大学，2012.

张雅娴 . 中国教育资源配置效率研究 [M] . 北京：人民出版社，2012.

张养珍 . 我国农村公共产品供给失衡的原因和对策——一种从公共选择理论视角的考察 [J] . 经济纵横，2010（10）：95-96.

赵丹 . 农村教学点问题研究 [D] . 武汉：华中师范大学，2008.

赵丹 . 适当保留农村教学点的必要性分析——基于中西部六省得调查研究 [J] . 上海教育科研，2008（2）：20-22.

赵丹 . 农村教学点撤并过程中应注意的问题——基于中西部地区的调查研究 [J] . 华中师范大学研究生学报，2008（12）：80-87.

赵丹 . 农村中小学布局调整后教学点师资状况的调查与思考——以中

西部地区的调研为基础［J］.天津市教科院学报，2009（12）：36-38.

赵丹.农村教学点在义务教育均衡发展中的作用、问题与对策［J］.华中师范大学学报，2012（9）：153-160.

赵丹，范先佐.学校布局调整背景下农村教学点撤并的影响因素分析—区位理论的视角［J］.现代教育管理，2012（1）：18-22.

赵丹，王一涛.教学点在农村学校布局中的地位探析［J］.教育科学，2008（2）：78-81.

赵丹，王一涛.农村中小学布局调整过程中撤消教学点应注意的问题——基于中西部地区的调查研究［J］.河北师范大学学报，2008（12）：12-14.

赵丹，吴宏超.农村教学点的现状、困境及对策分析［J］.教育与经济，2007（3）：61-65.

赵丹，吴宏超.中西部地区农村教学点状况的实证研究［J］.上海教育科研，2007（9）：22-24.

赵丹，吴宏超.全球视域下农村小规模学校作用的重新审视［J］.教育发展研究，2012（3）：29-34.

赵丹，吴宏超，Bruno Parolin.农村学校撤并对学生上学距离的影响——基于GIS和Ordinal Logit模型的分析［J］.教育学报，2012（3）：62-73.

赵杰.农村义务教育学校布局调整政策：变迁、反思与展望［J］.教育发展研究，2013（8）：57-64.

赵若帆.甘肃省普通中学教育资源优化配置研究［D］.兰州：甘肃农业大学，2015.

赵曙，奉娟.边境地区义务教育均衡发展的困境与对策——以云南省马关县为例［J］.教改创新，2012（10）：149-151.

赵彦俊.农村中小学布局调整问题及改进建议——美国的经验及启示［J］.教育发展研究，2008（21）：62-65.

郑春光．从教育财政角度试析美国中小学教育中的效率与公平［D］．上海：华东师范大学，2002.

郑金洲．教育通论［M］．华东师范大学出版社，2000：246-249.

郑人杰．浅析思想能动性对人自身发展的作用及其启示——基于思想政治教育的维度［J］．学理论，2015（3）：236-237.

钟海青，高枫等．守望边疆教育［M］．北京：人民出版社，2011.

周芬芬．农村中小学布局调整对教育公平的损伤及补偿策略［J］．教育理论与实践，2008（7）：31-34.

周福盛，咸富莲．可持续发展视域下农村学校撤并问题的思考——以宁夏平罗县和原州区义务教育阶段为个案的调查研究［J］．教育发展研究，2013（15）：51-56.

周洪新，杨克瑞．教育资源配置中政府的责任［J］教育发展研究，2014（1）：1-5.

周序．复式教学点学生学习适应性研究［J］．上海教育科研，2009（1）：44-47.

周晔．农村教师继续教育：问题与政策建议［J］．继续教育研究，2009（9）：121-123.

朱家存．教育均衡发展的政策研究［M］．北京：中国社会科学出版社，2003.

朱朴义，朱致远．西部地区县域义务教育均衡发展中资源配置的思考［J］．亚太教育，2016（35）：82-83.

诸嘉．基于教育公平的江苏省基础教育资源优化配置研究［D］．南京：南京师范大学，2007.